Le Général MOREAU

(1763-1813)

PAR

J. DONTENVILLE
Professeur agrégé d'Histoire
Au Lycée de Lyon

PARIS
LIBRAIRIE CH. DELAGRAVE
15, rue Soufflot, 15
1899

Le Général MOREAU

(1763-1813)

DU MÊME AUTEUR

Après 1870. — La France et l'Europe depuis le Traité de Francfort. — Paris, chez Chamuel, éditeur, 5, rue de Savoie.

Le Général MOREAU

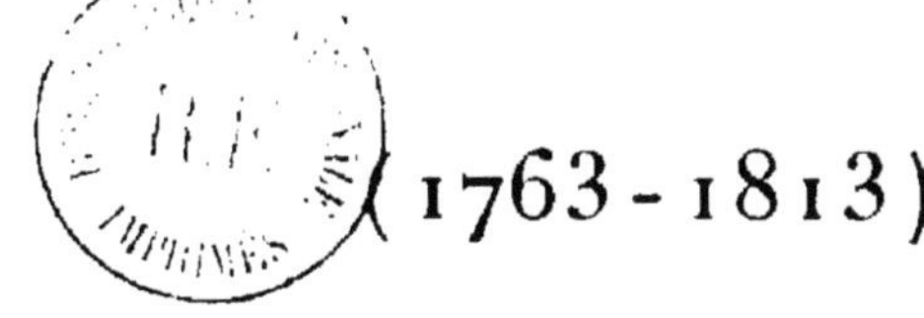

(1763-1813)

PAR

J. DONTENVILLE

Professeur agrégé d'Histoire
Au Lycée de Lyon

PARIS

LIBRAIRIE CH. DELAGRAVE

15, rue Soufflot, 15

1899

Le Général MOREAU

(1763-1813)

INTRODUCTION

Le général Moreau est un des plus grands capitaines de la Révolution. Il se place cependant au dessous de Bonaparte certainement, de Hoche peut-être.

De taille médiocre, rien dans son extérieur ne marquait l'homme de génie ou de talent supérieur.

C'était un esprit froid et calme, sans audace, lent, mais solide. Souvent indécis, ses indécisions se terminaient d'ordinaire devant l'ennemi en résolutions sages et fermes. On le louait, et avec raison, pour la réflexion savante et la sagacité, pour le sang-froid imperturbable dans les situations les plus difficiles, pour l'éclat du courage, enfin pour la simplicité des manières et l'aptitude à gagner l'affectueuse confiance de ses compagnons d'armes. Même il poussait trop loin la familiarité avec ses principaux officiers et prenait trop avec eux le ton de la camaraderie. A son quartier-général on discutait librement sur toute question politique ou militaire. Des mésintelligences se produisaient, des coteries se formaient. Le général en chef ne savait pas les dominer. Faible de caractère, il manquait de l'autorité nécessaire à l'homme investi du commandement suprême.

Ce général prudent, calculateur, manœuvrier, se distinguait plus par l'habileté des dispositions dans les marches et dans les combats que par de vastes et hardies combinaisons de cabinet. D'une incontestable supériorité comme tacticien, il se montra stratégiste moins consommé. On l'appela d'abord le capitaine des sièges et des retraites. Effectivement, c'est surtout par des opérations de ce genre qu'il signala son mérite, du moins avant la campagne de 1800 et la glorieuse victoire de Hohenlinden.

Le citoyen en lui est loin de valoir l'homme de guerre. En dehors du champ de bataille, il ne fut jamais qu'un intrigant louche et équivoque. Egoïste, ambitieux, bassement envieux, sans principes fixes comme sans fermeté dans le caractère, absolument dépourvu de courage politique, il se laissa entraîner aux plus vilaines actions, aux trahisons les plus coupables. Son amour-propre excessif, son humeur rancunière et vindicative, le perdirent autant qu'une faiblesse et une irrésolution peu communes.

Ainsi la vie de Moreau manque de belle et forte unité. L'historien regrette d'avoir à juger sévèrement la conduite politique d'un vaillant soldat qui, au cours d'une brillante carrière militaire, s'est couvert de gloire, a rehaussé le prestige du drapeau tricolore. Mais les droits de la vérité ne s'effacent devant aucune considération ; force est de les respecter, quoi qu'il en puisse coûter d'ailleurs.

CHAPITRE PREMIER

LES DÉBUTS DE MOREAU. — MOREAU LIEUTENANT DE PICHEGRU.

Jean-Victor Moreau naquit, en 1763, à Morlaix, en Bretagne. Son père, avocat estimé, fut guillotiné plus tard comme aristocrate, pour s'être chargé de l'administration des biens de plusieurs émigrés. Lui-même se destina tout d'abord au barreau. Prévôt de l'Ecole de droit à Rennes, il exerçait une sorte d'empire sur les étudiants quand, en 1788, éclatèrent des troubles graves dans cette ville, à l'occasion de la lutte engagée par Loménie de Brienne contre les Parlements. Les gentilshommes bretons tirèrent l'épée contre les soldats du roi venus pour disperser la Cour. A la tête de la jeunesse, Moreau se rangea, lui aussi, du côté des magistrats, et mérita d'être appelé le *général du Parlement*. Dès lors, cependant, il fit preuve d'une sagesse ou d'une duplicité au-dessus de son âge. Après avoir donné l'ordre de l'arrêter, on se servit utilement, en fin de compte, de son influence pour calmer les esprits.

D'avocat, nous le voyons devenir chef d'un bataillon de volontaires, lorsque se produit le magnifique élan patriotique de 1792. Il est un des rares généraux illustres de la Révolution, peut-être le seul, qui n'ait pas fait partie de l'ancienne armée royale ; à cet égard, il constitue une brillante exception.

Sa première campagne eut lieu dans le Nord, sous Dumouriez. Dès 1793, on le nomma général de brigade, et, en 1794, général de division. Il servit alors sous Pichegru, le nouveau général en chef de l'armée du Nord ; on a prétendu que c'est à la demande de ce dernier qu'il fut fait divisionnaire. Lui-même dément cette assertion dans une lettre au Directoire, datée du 27 vendémiaire an VII : « Je n'ai jamais été l'élève de Pichegru, j'étais général de division et j'avais sous mes ordres 25 mille hommes de l'armée du Nord, lorsqu'il est venu en prendre le commandement pour la campagne de l'an II ».

Chargé, avec son collègue Souham, d'agir sur la gauche de cette armée, dans la Flandre maritime, Moreau partit avec lui de Lille, pour enlever aux Autrichiens de Clerfayt les places de Courtrai et de Menin. Souham prit la première ; Moreau investit la seconde qui, à son tour, tomba entre nos mains, après une victoire remportée, le 29 avril 1794, à Mouscron, par les deux divisionnaires français. Pendant la bataille du 29 avril, nos jeunes soldats, dont la plupart n'avaient pas encore vu le feu, reculaient en désordre ; Moreau et Souham les rallièrent, les ramenèrent vigoureusement sur l'ennemi.

Cependant les coalisés, Autrichiens et Anglais, tentèrent, sous la direction suprême du prince de Cobourg, un mouvement d'ensemble afin d'envelopper et anéantir la gauche de l'armée française. A ce moment le généralissime Pichegru se trouvait sur la Sambre, à l'aile droite. En son absence, tout le poids d'une situation fort critique fut porté par Souham et Moreau, surtout par ce dernier, car Souham, très médiocre, eut le bon esprit de se soumettre à un collègue bien supérieur en intelligence et en savoir.

L'effort concentrique des ennemis prit Tourcoing comme objectif. Ainsi allaient être coupées les communications avec Lille des deux divisionnaires français, toujours postés à Menin et à Courtrai. Moreau contint Clerfayt à gauche. Souham, culbutant tout ce qui se rencontrait devant lui, occupa par une marche rapide Tourcoing avant l'adversaire. Sur ces entrefaites, Bonnaud, sorti de Lille, fondait sur le duc d'York qui, avec les Anglais, essayait de s'interposer entre cette place et Tourcoing; la déroute d'York fut complète. Toute l'armée coalisée, forte de cent mille hommes, dut, avec de grandes pertes, se replier devant soixante-dix mille Français. Telle fut la victoire de Tourcoing (18 mai). Malgré une sanglante et indécise affaire engagée aussitôt après par Pichegru, nous restâmes les maîtres de la Flandre.

On dédoubla alors l'armée du Nord. Une partie, dite armée de Sambre-et-Meuse, et renforcée de troupes arrivées de la Moselle, fut mise sous les ordres de Jourdan. L'autre, conservant le nom d'armée du Nord, resta sous le commandement de Pichegru et de son lieutenant Moreau. Elles étaient destinées à opérer parallèlement contre Cobourg d'une part, Clerfayt et York d'autre part. Le 26 juin 1794, Jourdan remporta sur le prince de Cobourg la célèbre victoire de Fleurus, puis il se réunit dans Bruxelles à Pichegru qui, de son côté, avait refoulé les Austro-Anglais de Clerfayt et d'York. Toute la Belgique fut conquise par nos armes.

L'armée de Sambre-et-Meuse poursuivit bientôt vers Coblentz et le Rhin moyen les Autrichiens rassemblés sous la haute direction de Clerfayt; car Cobourg, depuis la journée de Fleurus, était complètement discrédité. L'armée du Nord s'avança vers la Hollande, à la suite des Anglo-Hollandais, conduits par l'inepte et présomptueux duc d'York.

Moreau avait été détaché le long du littoral

pour assiéger Nieuport et l'Ecluse. Après la prise de ces villes, il rentra en ligne et participa à l'invasion de la Hollande. Formant la droite de l'armée du Nord, il s'empara, par une attaque brusque et vive, de Venloo sur la Meuse.

On sait comment, après la Belgique, la Hollande, où un hiver d'une rigueur exceptionnelle avait gelé les fleuves et les canaux, fut à son tour occupée tout entière par Pichegru et Moreau. Nos soldats, décharnés et en guenilles, mais fiers et disciplinés, entrèrent, le 20 janvier 1795, dans Amsterdam, au milieu des acclamations joyeuses d'une population pleine d'enthousiasme pour la République française et la liberté. L'opulente cité vit avec admiration tous ces braves défiler au son d'une musique guerrière, puis mettre leurs armes en faisceaux, et, demi-nus, bivouaquer sans murmures pendant plusieurs heures sur les places publiques, malgré le froid et la neige, jusqu'à ce qu'on leur eût assigné des logements. Bientôt, nos escadrons de hussards coururent prendre la flotte hollandaise immobilisée par les glaces près du Texel.

Déja, depuis la fin d'octobre 1794, Jourdan, avec l'armée de Sambre-et-Meuse, était en possession de Coblentz, de Bonn et de Cologne. Pour la première fois depuis Charlemagne, le Rhin redevenait, au Nord-Est, la frontière de la France.

Moreau commence à fonder son éclatante réputation dans cette rapide et fructueuse campagne de 1794 où il se montre le meilleur divisionnaire de Pichegru.

Bientôt, en 1795, Pichegru fut nommé au commandement de l'armée de Rhin-et-Moselle concentrée alors entre Strasbourg et Mayence. Moreau reçut à sa place la direction de l'armée du Nord, toujours cantonnée en Hollande. Jourdan, resté à la tête de l'armée de Sambre-et-Meuse, campait dans une position intermédiaire entre ses deux collègues, depuis Mayence jusqu'au-dessous de Cologne et de Dusseldorf.

Lorsqu'à la suite de sa trahison en faveur des royalistes, Pichegru se vit contraint de démissionner, Moreau, rappelé à un rôle plus actif, lui succéda sur le Rhin comme auparavant en Hollande.

La campagne de 1796 n'allait pas tarder à s'ouvrir par une triple offensive prise sur l'ordre de Carnot. Jourdan et Moreau, avec les armées de Sambre-et-Meuse et de Rhin-et-Moselle, devaient envahir l'Allemagne en même temps que Bonaparte l'Italie.

CHAPITRE II

MOREAU GÉNÉRAL EN CHEF DE L'ARMÉE DU RHIN. — CAMPAGNE DE 1796. — LA CÉLÈBRE RETRAITE. — CAMPAGNE DE 1797.

Au commencement de la campagne de 1796, du côté de l'Allemagne les forces des Français et celles de l'ennemi étaient à peu près équivalentes. Nous étions un peu supérieurs en infanterie ; par compensation, les Autrichiens l'étaient en cavalerie. Les Autrichiens étaient, comme les Français, répartis en deux armées. Sur le Rhin inférieur. Jourdan avec l'armée de Sambre-et-Meuse (76 mille hommes) faisait face aux 80 mille hommes de l'archiduc Charles. Plus haut sur le fleuve, l'armée de Rhin-et-Moselle, ou simplement du Rhin (77 mille hommes), sous Moreau, s'opposait aux 70 mille combattants

2

bientôt commandés, après le départ de Wurmser pour l'Italie, par le général Latour. Avec ce dernier se trouvaient le prince de Condé et les émigrés.

Latour était subordonné à l'archiduc. Au contraire, sans souci de l'unité de commandement, le Directoire avait commis la faute de laisser Jourdan et Moreau indépendants l'un de l'autre.

Cependant, comme le Directoire, et plus encore, le Conseil aulique de Vienne prétendait diriger de loin les opérations de guerre. La remarque faite par Frédéric II dans ses *Mémoires de Brandebourg* était toujours vraie à l'époque de la Révolution. « A Vienne, les ministres, qui n'étaient que des politiques, dressaient, dans la retraite de leur cabinet, des projets de campagne qui n'étaient point militaires, et ils prétendaient mener les généraux par la lisière dans une carrière où il faut voler pour la remplir. »

Quoique frère de l'empereur François, l'archiduc Charles fut souvent gêné par les instructions du Kriegshofrath. Ce jeune général, le meilleur de l'Autriche, ne fut pas indigne de se mesurer avec Moreau, ni plus tard avec Bonaparte lui-même. Esprit net et lucide, muni de connaissances solides et variées, il joignait à de grands talents militaires le sang-froid et la bravoure. Chez lui la méthode n'excluait pas l'audace. Il se distinguait, en outre, par une noblesse de sentiments, une élévation morale peu communes.

Français et Autrichiens occupaient également la rive gauche du fleuve. Ceux-ci, toutefois, étaient les maîtres des points centraux de Mayence et de Manheim. Ils ne surent pas profiter de cet avantage.

Aux deux extrémités de la ligne d'opérations, Jourdan possédait une tête de pont à Dusseldorf, mais Moreau n'avait aucun débouché sur la rive droite. D'après le plan arrêté par Carnot, l'armée de Sambre-et-Meuse devait se mettre en mouvement la première et s'avancer par Dusseldorf. Ainsi l'attention principale de l'ennemi serait portée sur ce point, et, inquiet pour ses communications, l'archiduc quitterait, sans doute, lui aussi, la rive gauche. Alors le passage serait facilité à Moreau, resté en présence du seul Wurmser (1) dont les troupes, disséminées à plusieurs journées de marche, ne pouvaient être concentrées que fort lentement. Le défaut de ce plan était d'isoler l'un de l'autre les deux généraux français. Ils le comprirent et firent à leur gouvernement d'inutiles remontrances. Nous verrons comment l'archiduc Charles sut en tirer parti.

Tout d'abord, commencé le 31 mai, le mouvement de Jourdan parut réussir. Son aile gauche, avec Kléber, franchit le Rhin à Dusseldorf, et refoula derrière la Lahn le corps du duc de Wurtemberg, lieutenant de l'archiduc. Aussitôt l'archiduc, traversant le fleuve avec le gros de son armée, poursuivit Kleber sur la Lahn. Jourdan, à son tour, se porta au secours de Kleber. Repoussés, nous dûmes repasser sur la rive gauche, laissant seulement quelques troupes sur la rive droite, derrière la Wipper.

(1) Remplacé par Latour, le 18 juin.

Cependant Moreau avait préparé à Strasbourg son propre passage. Le 14 juin, pour donner le change à Wurmser, il ordonna une attaque qui réussit sur le camp retranché de Manheim. Avant que fussent réunis les Autrichiens, très dispersés, les Français effectuèrent, le 24 juin, la traversée du grand fleuve. Ils entrèrent dans des barques à minuit, par un beau clair de lune. Le silence, l'ordre et la vitesse empêchèrent que, sur le bord opposé, la sécurité des Autrichiens ne fût troublée. Kehl fut vivement emporté, et la vallée de la Kintzig conquise. Moreau n'avait négligé aucune des mesures nécessaires au succès de l'opération. Il n'y a pas lieu, toutefois, de lui décerner, à ce sujet, des éloges excessifs. L'entreprise était assez ordinaire dans les circonstances où elle s'accomplit, devant des ennemis trop disséminés, et sous la protection du canon de Strasbourg.

Arrivé sur la rive droite, Moreau aurait dû se hâter, tomber avec la rapidité de l'éclair sur les corps éparpillés de Latour, les battre en détail avant qu'ils eussent le temps de se concentrer, avant surtout que fût accouru à leur aide, le prince Charles, débarrassé de Jourdan, maintenant en pleine retraite. Au contraire, il s'avance avec une extrême circonspection, et l'on ne s'explique guère ses tâtonnements à ce moment décisif. Il faut croire, dit Jomini, « que si le général Moreau entendait fort bien la disposition d'un combat, il n'était pas encore aussi familiarisé avec la guerre de mouvements et les avantages que l'on peut tirer de la stratégie ; l'habileté qu'il déploya dans la campagne de 1800 prouve qu'il s'était beaucoup perfectionné et qu'il sut mettre à profit les exemples que son émule de gloire lui donnait en Italie. »

Des combats engagés à Renchen et à Rastadt livrèrent à l'armée du Rhin le passage du Rench et de la Murg. Après l'affaire de Rastadt, Moreau demeure trois jours dans ses positions, les 6, 7 et 8 juillet. Pendant ce temps, l'archiduc rallie Latour, prend une place avantageuse près d'Ettlingen, et occupe le col de Pforzheim sur la route du Neckar. Dès le 9 juillet une rencontre se produit. Cette fois Moreau prévient l'archiduc qui avait combiné, pour le lendemain, contre les Français, une attaque concentrique de ses colonnes. Notre droite renforcée l'emporte du côté de la Forêt-Noire ; mais entre le Rhin et les montagnes, sur notre gauche, l'action demeure indécise.

Tel fut le combat d'Ettlingen. Le 10 au matin, le prince Charles se retira par une marche précipitée sur Pforzheim. De là il résolut de se replier par le Neckar sur le Danube, en disputant le terrain pied à pied. Il le fit avec son armée intacte, dans un ordre parfait. Les Français le suivirent avec une circonspection bien compréhensible en cette circonstance. Lorsqu'il eut atteint Neresheim, dans la vallée du Danube, l'archiduc songea un instant à se dérober à Moreau, et à marcher au devant de Jourdan qui, ayant repris l'offensive, se trouvait déjà à Nuremberg. Il alla, en effet jusqu'à Nordlingen (3 août), mais brusquement, renonçant à ce projet, il revint sur Neresheim où parvenait à ce moment l'armée de Rhin-et-

Moselle. Il y livra à cette armée, le 11 août, une bataille indécise ; les lignes des deux adversaires étaient beaucoup trop étendues, et leurs efforts décousus ne purent aboutir à aucun résultat.

Favorisée par l'invasion de Moreau en Allemagne, et par le départ de l'archiduc qui en avait été la conséquence, l'armée de Sambre-et-Meuse était retournée au-delà du Rhin, malgré la résistance du comte de Wartensleben chargé de l'observer. Jourdan s'était porté rapidement au sud de la Lahn, puis sur le Main où Francfort avait été prise après un bombardement de deux jours et la destruction de deux cents maisons. De Francfort nos troupes étaient remontées à Wurtzbourg et à Bamberg. Puis elles avaient pénétré, par Nuremberg, jusqu'à Amberg dans le voisinage du Danube.

Moreau à Neresheim et Jourdan à Amberg, la jonction des deux armées françaises semblait inévitable. L'archiduc résolut de l'empêcher à tout prix.

Après l'affaire de Neresheim, il s'était retiré

derrière le Danube. Il ne tarda pas à repasser au nord du fleuve par Donauwerth, avec l'intention de se rabattre sur l'armée de Sambre-et-Meuse. Moreau aurait dû continuer à descendre par la rive gauche pour se lier avec Jourdan et contrarier la manœuvre de l'archiduc. Mais il ne soupçonna rien des desseins de ce dernier. D'ailleurs, les ordres du Directoire lui prescrivaient de suivre désormais, de préférence, la rive droite, en vue de faciliter les opérations de l'armée d'Italie.

Pendant que le général Latour, sur le Lech, s'opposait à l'armée du Rhin, le prince Charles, combinant ses mouvements avec ceux de Wartensleben, attaqua à l'improviste, avec des forces supérieures, Jourdan isolé sur la rive gauche du Danube.

Jusque-là, cette campagne n'avait offert qu'une série d'évolutions sans ensemble et de combats partiels sans résultat décisif. Maintenant nous sommes enfin en présence d'une grande et hardie conception. Elle appartient au généralissime ennemi. Elle amènera la défaite de l'une de nos armées et, par contre-coup, la retraite de l'autre.

Dès le 24 août, Jourdan est battu à Amberg. Désespérant de tenir contre des troupes trop nombreuses, il recule vers le Main. Bientôt sa situation devient critique. L'archiduc cherche à le prévenir sur la route de Wurtzbourg, pour couper ses communications. Le général français se hâte, mais en vain ; à Wurtzbourg, il se heurte contre 40 mille Autrichiens et éprouve un nouveau revers le 3 septembre. Cependant, contraint à renoncer à la retraite vers Francfort, le long du Main, il parvient à échapper par le difficile pays montagneux de Fulde. Ce détour le mène sur la Lahn, où il ne peut s'arrêter. Serré de près par l'archiduc, il est vaincu une dernière fois, le 21 septembre, à Altenkirchen, entre la Lahn et la Sieg, et repasse définitivement par Dusseldorf, sur la rive gauche du Rhin.

La fatale journée d'Altenkirchen fut marquée par la perte du jeune et brillant Marceau. Blessé à mort par un chasseur tyrolien, le héros reçut les suprêmes honneurs à la fois des Français et des Autrichiens, unis de la façon la plus touchante pour lui faire de solennelles funérailles.

Quand, après la bataille de Neresheim, le prince Charles s'était éloigné un instant au-delà du Danube, il eût été facile aux deux généraux français, postés à Neresheim et à Amberg, d'opérer leur jonction par Eichstadt. Mais telle n'était pas leur pensée. Moreau, même lorsqu'il connut la manœuvre de l'archiduc, n'en comprit pas encore la portée. Loin de songer à voler au secours d'un collègue gravement compromis, il résolut de pénétrer en Bavière dans l'espoir de faire une diversion. Malheureusement le vainqueur de Jourdan était bien décidé à ne pas lâcher prise, à ne pas revenir en arrière. A la décharge du chef de l'armée du Rhin, il faut répéter que le Directoire lui avait enjoint de détacher quinze mille hommes dans le Tyrol pour seconder les efforts de Bonaparte sur l'Adige. Il était bien difficile de diriger un corps de cette importance sur Insprück et de courir en même temps au secours de l'armée de Sambre et Meuse (1).

Portée sur la rive droite du Danube, l'armée du Rhin, poussant devant elle Latour, envahit la Bavière jusqu'à Munich. Inquiet alors de ne recevoir aucune nouvelle de Jourdan, Moreau eut l'idée d'aller à la découverte. Il se rapprocha du fleuve, le fit traverser sur des points différents par sa gauche et son centre, ne garda que sa droite au sud vers Zell. Avec de l'activité et de l'audace, Latour aurait pu détruire l'un de ces trois corps séparés.

Bientôt, la connaissance qu'il eut de la défaite de Wurtzbourg détermina Moreau à rassembler de nouveau ses troupes et à battre en retraite. Il ne se le dissimulait pas : libre à bref délai, l'archiduc viendrait manœuvrer sur ses derrières. Déjà il se voyait menacé sur sa gauche, par Nauendorf, détaché de

(1) Nous n'examinerons pas si, en cette circonstance, Moreau ne se laissa pas guider plutôt par des motifs politiques que par des considérations militaires. Voir plus loin le chapitre III.

l'armée du prince, et, sur sa droite, par Froelich, un lieutenant de Latour, tandis que devant lui se trouvait Latour en personne.

La situation était difficile ; elle n'était pas extrême, comme on l'a prétendu. En effet, exposée à être enveloppée par plusieurs corps, mais par des corps éloignés les uns des autres, plus forte, d'ailleurs, que chacun d'eux en particulier, établie sur un point central, l'armée du Rhin, composée encore de plus de soixante mille soldats d'élite, n'avait qu'à attaquer en toute hâte, sans laisser aux Autrichiens le temps de coopérer à une action commune contre elle. A cette condition le succès était probable. Moreau le vit. Tout d'abord, il résolut de se débarrasser de Latour qui le serrait de plus près. A cet effet, il prit des dispositions fort habiles et l'écrasa à Biberach, le 2 octobre, grâce au concours énergique de Desaix et de Gouvion Saint-Cyr, l'un des plus remarquables tacticiens de l'époque.

Dans ce pays montueux et boisé, le corps de Latour, mal placé, était adossé à un ravin, celui de la Ryss. Ses trois divisions tenaient, en avant du ravin, différentes hauteurs que séparaient des obstacles ; elles étaient, de la sorte, incapables de se secourir mutuellement. Les Français durent à leur supériorité numérique de pouvoir prendre l'offensive sur tous les points ; leurs colonnes se glissèrent à travers les positions ennemies, abordant les unes de front, tournant les autres. Avec le centre et la réserve Saint-Cyr poussa devant lui le corps de bataille de Latour. Celui-ci n'avait de bon débouché que par la ville de Biberach, située sur la Ryss. Mais Desaix, avec la gauche, avait manœuvré de façon à déborder les Autrichiens ; ayant battu leur droite, il s'était emparé derrière eux de Biberach. Serré en queue par Saint-Cyr, le malheureux Latour fut contraint de se faire jour entre les divisions de Desaix. Une partie de ses troupes passa ; le reste fut pris ou culbuté dans le ravin ou encore dispersé dans les bois. Quatre mille prisonniers, dix-huit canons et deux drapeaux tombèrent entre nos mains.

Cette victoire, pourtant, ne tirait pas complètement Moreau d'affaire. Car Nauendorf se rapprochait de plus en plus par le Nord, capable de le harceler, de le retarder, afin de permettre à l'archiduc d'arriver sur ses communications. Aussi le général français renonça-t-il à marcher directement sur Kehl par la vallée de la Kintzig. Tournant brusquement vers le Sud, il s'échappa par les affreuses gorges du val d'Enfer. Là roule un torrent entre des rochers à pic ; ceux-ci surplombent, se touchant presque au sommet, et, dans un espace de quinze mètres, près du château de Falkensteig, empêchent la lumière de pénétrer. Le val d'Enfer franchi, nos troupes tombèrent, en combattant toujours, dans la vallée de la Dreisam. Le 12 octobre, à midi, Gouvion Saint-Cyr entra dans Fribourg, sans résistance. Le reste de l'armée sortit des défilés les jours suivants. Déjà les parcs et les équipages avaient gagné Huningue par la route des villes forestières.

L'armée autrichienne se trouva enfin réunie tout entière sous l'archiduc. On lui livra imprudemment quelques combats sur l'Eltz, avec le Rhin à dos, pour essayer d'atteindre Kehl. Puis Desaix fit franchir à l'aile gauche le fleuve à Brisach. Moreau ramena à son tour le centre et la droite par le pont d'Huningue (26 octobre).

Kehl et la tête de pont de Huningue furent encore défendues héroïquement, jusqu'au commencement de 1797, l'une par Desaix, l'autre par Abbatucci. Ce dernier, jeune officier général de la plus haute espérance, fut tué d'un coup de feu dans une sortie.

L'armée de Moreau recueillit une juste gloire de son admirable conduite en 1796.

« Un tiers des soldats, dit Gouvion Saint-Cyr, marchaient pieds nus, et l'on n'apercevait sur eux d'autres vestiges d'uniforme que la buffleterie. Sans les haillons de paysans dont ils étaient couverts, leurs têtes et leurs corps eussent été exposés à toutes les injures du temps. C'est dans cet état que je les ai vus défiler à Huningue, et cependant leur aspect était imposant ; à aucune époque je n'ai rien vu de plus martial. Leur démarche était fière ;

peut-être quelque chose de farouche se faisait voir dans leurs regards » (1).

Ecoutez, d'autre part, Fauche-Borel :

« J'étais logé à *l'Hôtel du Sauvage*, à Bâle, lorsque des soldats de l'armée de Moreau, en retraite, y arrivèrent cousus d'or, mais les pieds nus, enveloppés de guenilles, tout en faisant des repas où le champagne et la bonne chère contrastaient avec le délabrement de leur équipage. Sur la demande que je leur fis pourquoi, se livrant à une si grande dépense, ils ne s'achetaient pas des bas et des souliers, ils me répondirent : « Par Dieu oui, des souliers ! n'est-ce pas à la République à nous les donner ? Nous serions bien fous de dépenser notre argent à ça ! » (2).

Quant au général de ces héroïques et insouciantes troupes, il déploya, notamment à Biberach, plutôt des qualités de tacticien que des talents de stratégiste. « Il fit briller, dit Jomini, quelques étincelles d'un génie qui ne

---

(1) Gouvion Saint-Cyr. — *Mémoires*, t. IV, ch. 17.
(2) Fauche-Borel. — *Mémoires*, t. II, p. 60.

se développa que trois ou quatre ans plus tard ». Sans doute la France se félicita de voir revenir intacte, avec drapeaux, canons et munitions, une vaillante armée sérieusement compromise par une marche téméraire en Bavière. « Mais les militaires qui jugeront cette opération (la retraite) sur la situation effective des forces opposées, et sur les obstacles réels qu'elle rencontra, trouveront qu'elle n'offrit rien d'extraordinaire, à l'exception de la bataille de Biberach, dont toutes les combinaisons sont dignes d'éloges » (Jomini). Le surnom de Xénophon moderne, donné à Moreau par ses partisans, est donc pour le moins fort exagéré.

Comme nous l'avons constaté déjà, l'échec de la double invasion en Allemagne doit être attribué au plan défectueux imaginé par Carnot, à la séparation complète, sous deux généraux indépendants, des armées de Sambre-et-Meuse et de Rhin-et-Moselle. Constamment les deux chefs furent divisés par la rivalité la plus funeste; ils se dénoncèrent réciproquement au Directoire.

« Jourdan, dit Barras, ne s'était point entendu avec Pichegru... Il ne paraît pas s'entendre davantage avec Moreau. Celui-ci annonce que sa retraite a été nécessitée par celle de l'armée de Sambre-et-Meuse. Jourdan, de son côté, a écrit que son armée n'aurait pas été forcée à la retraite si elle eût été assistée de la coopération de l'armée du Rhin. Ces deux armées, depuis leur formation, paraissent, en général, avoir été plus occupées de s'accuser que de se soutenir » (1).

A l'ouverture de la campagne suivante (1797), Moreau conserva le commandement de l'armée de Rhin-et-Moselle, forte alors de soixante mille combattants. L'armée de Sambre-et-Meuse, qui en comptait soixante-dix mille, fut confiée à Hoche. Ces 130 mille Français eurent à lutter contre environ 100 mille Autrichiens, ainsi décomposés : 40 mille sur le Haut-Rhin, en face de Moreau, dirigés par le comte de Latour, 30 mille sur le Bas-Rhin, devant Hoche,

---

(1) *Mémoires de Barras*, t. II, p. 205.

conduits par le baron de Werneck et son lieutenant Kray; 10 mille hommes de réserve, cantonnés sur les bords du Main; enfin 20 mille hommes répartis dans les garnisons des villes rhénanes. Latour exerçait l'autorité suprême sur les deux armées impériales, au lieu de l'archiduc Charles parti pour l'Italie. De notre côté le commandement resta divisé.

L'armée de Sambre-et-Meuse tenait encore Dusseldorf et la tête de pont de Neuwied; celle du Rhin, pas plus qu'en 1796, n'avait de débouché au-delà du fleuve.

Comme Jourdan, l'année précédente, Hoche effectua son passage le premier, le 18 avril, quarante-huit heures avant Moreau, pour attirer sur lui-même l'attention et permettre à son collègue d'arriver sans trop de difficulté sur la rive droite. L'affaire fut menée avec audace et promptitude. Hoche, en personne, marcha par Neuwied, infligeant au baron de Werneck des pertes considérables. En même temps son lieutenant Championnet, parti de Dusseldorf, enlevait, au-delà de la Sieg, les positions d'Ukerath et d'Altenkirchen. Après quoi l'un et l'autre se rejoignaient et plaçaient Werneck dans une situation fort critique. Pour tenir tête à Hoche et à Championnet, le général autrichien avait trop étendu ses lignes. Incapable de rassembler assez tôt ses divisions éparses, il se voyait sur le point d'être tourné par les Français supérieurs en nombre. Ceux-ci paraissaient aux portes de Francfort le 22 avril, et allaient y pénétrer, lorsque notification leur fut adressée des préliminaires de Léoben, signés par Bonaparte le jour même de la bataille de Neuwied. Werneck échappa de la sorte au danger d'une destruction complète.

Hoche mourut, à quelque temps de là, emporté, à l'âge de 29 ans, avec une soudaineté effrayante, par un mal étrange et mystérieux. On parla, sans doute à tort, d'empoisonnement. Une indicible émotion étreignit les cœurs dans l'armée et dans la nation. Comme il était arrivé pour Marceau, Français et Autrichiens firent de concert des obsèques grandioses au général en chef de l'armée de

Sambre-et-Meuse, ainsi disparu en pleine jeunesse et pleine gloire.

Pour Moreau, le plus grand embarras, au début de la campagne, fut d'arracher au Directoire, dans une détresse financière sans exemple, les trente à quarante mille écus nécessaires à la création d'un équipage de pont. A cet effet, il s'était rendu à Paris ; il ne revint que le 17 avril à Strasbourg, son quartier général. En son absence, les préparatifs du passage avaient été pressés vivement. Fixée à la nuit du 19 au 20 avril, l'opération, par suite d'un accident, ne commença que le 20 au matin. On ne la tenta point en face de Kehl où l'ennemi avait accumulé les obstacles. Elle eut lieu beaucoup plus bas. Les bateaux de commerce de la rivière d'Ill furent réquisitionnés. Ils transportèrent sur la rive droite un corps de troupes, en attendant l'achèvement d'un pont. Ces troupes, pendant 24 heures, se maintinrent héroïquement dans des taillis et des marécages sous les coups de toute l'armée autrichienne. Desaix reçut une balle dans la cuisse. Duhesme, avec quelques braves, mit en déroute tout un régiment. Son tambour étant tombé mort, lui-même saisit la caisse et se mit à battre la charge avec le pommeau de son épée. Enfin, le pont terminé, l'armée française tout entière déboucha sur la rive droite. Kehl fut emporté, les Autrichiens furent poursuivis vigoureusement dans la Forêt-Noire. Mais, ici encore, les hostilités cessèrent à la venue d'un courrier porteur des préliminaires de paix.

CHAPITRE III

MOREAU ET LE PARTI DE CLICHY. — ESPRIT DE L'ARMÉE DU RHIN. — LE 18 FRUCTIDOR. — ENVOI, PAR MOREAU, AU DIRECTOIRE, DE LA CORRESPONDANCE CHIFFRÉE DU PRINCE DE CONDÉ ET DE PICHEGRU. — DESTITUTION DE MOREAU.

Au tome III de son *Histoire de Napoléon*, Lanfrey assure qu'avant la conspiration de Georges Cadoudal, Moreau avait toujours vécu sans ambition, absolument étranger aux intrigues de la politique. Le dévouement du général à la République, ajoute le même écrivain, se trouve hors de conteste, et de même sa générosité, son désintéressement.

Pour s'exprimer ainsi, il faut ou s'aveugler de parti-pris, ou ignorer tous les documents.

Moreau est, au contraire, un type curieux de militaire politicien, sans cesse occupé de projets louches, de menées souterraines. Mais toujours aussi on le voit indécis et flottant, sans résolution, sans courage civil; pour se déclarer tout à fait, il attend avec prudence l'issue des événements. En dehors du champ de bataille, sa vie tout entière se passe à comploter sournoisement. Jamais, d'ailleurs, il ne va jusqu'au bout de ses trames et de ses machinations.

Dans les nombreuses conspirations du temps, souvent il se trouve impliqué; cependant il se réserve et se dérobe au dernier moment. En l'an V (1797), comme Pichegru son ami, il est clichyen (1), quitte à fournir,

(1) On le sait, au Club de Clichy se réunissaient les fauteurs d'une réaction. Ils étaient de deux sortes. Il y avait les hommes exaspérés contre les excès révolutionnaires, partisans d'un gouvernement modéré, et les royalistes, prêts à profiter du mécontentement universel pour préparer plus ou moins ouvertement une Restauration. Ceux-ci, à force d'habileté et d'audace, prirent vite la direction du parti clichyen. Ils savaient nettement ce qu'ils voulaient. Bientôt on les vit, solidement organisés, suivre des chefs adroits et actifs, créer ou gagner de nombreux journaux. Leur agence de Paris, dirigée par l'abbé Brottier, Lavilleheurnois et Duverne de Presles, enveloppa

lorsque sonne l'heure critique, aussitôt après le 18 fructidor, des preuves décisives au Directoire contre le vainqueur de la Hollande. Au 18 brumaire, il est le collaborateur actif de Bonaparte, sauf à s'en repentir bientôt

---

tout le pays d'un vaste réseau d'intrigues. Des bandes de brigands, pour servir la bonne cause, parcoururent et terrorisèrent les campagnes : chauffeurs et chouans à l'Ouest, compagnons de Jéhu et compagnons du Soleil dans le Midi. Elles massacraient les *patriotes* ou républicains avancés, portaient partout le pillage, l'incendie, la dévastation. Le Directoire se montrait impuissant à réprimer ces crimes. Aussi les royalistes remportèrent-ils des succès électoraux éclatants. Eux et les modérés qu'ils traînaient à la remorque formèrent la majorité des deux conseils législatifs, du Conseil des Cinq-Cents et du Conseil des Anciens.

Pichegru était le meneur le plus dangereux de la faction clichyenne. Pour des motifs difficiles à déterminer, le prédécesseur de Moreau à l'armée du Rhin avait, sur le Rhin même, à la tête de ses troupes, noué des négociations occultes avec le prince de Condé, généralissime de l'émigration. Relevé de son commandement, il avait continué ses intrigues. Bientôt il fut élu membre des Cinq-Cents. La majorité clichyenne de cette assemblée le choisit comme président. L'heure du retour du prétendant Louis XVIII semblait avoir sonné.

Trois directeurs sur cinq, Barras, Rewbell, La Revellière-Lepeaux, résolurent de mettre fin à la conspiration

amèrement. Durant les négociations relatives au Concordat, de nombreux officiers se proposent d'assassiner le Premier Consul. Moreau n'est pas étranger à leur dessein, mais il se garde d'assister à leurs conciliabules. Quelque temps après, en 1802, il participe, avec Bernadotte, à la conjuration militaire de Rennes; il se tire d'affaire auprès de Bonaparte par des dénégations propres à aggraver la position de

---

du Corps législatif contre la République. Appuyés sur les armées d'Italie et de Sambre-et-Meuse, ils firent le coup d'Etat du 18 fructidor (4 septembre 1797). De la première, Bonaparte envoya Augereau, guerrier aventureux et bruyant, *un fier brigand*, comme l'appelait Rewbell. De la seconde, Hoche détacha 12 mille hommes, placés aussitôt par le Directoire sous le commandement d'Augereau. Les Tuileries, siège des Conseils, furent investies de nuit par les troupes; des décrets de proscription furent portés contre un grand nombre de députés et de journalistes, ainsi que contre Carnot et Barthélemy, les deux membres de la minorité directoriale. Pichegru et ceux de ses amis qui ne parvinrent pas à s'échapper furent déportés dans les marais de Cayenne et de Sinnamary. En 1798, Pichegru s'évada. Dès lors, il demeura le plus souvent à Londres, jusqu'au complot de Georges Cadoudal dont il fut, en 1803 et 1804, l'un des principaux promoteurs.

son principal complice. En 1803 et 1804, associé à Georges Cadoudal et Pichegru, il les perd et se perd lui-même par ses perpétuelles tergiversations et par ses visées ambitieuses. A la fin de sa carrière si tourmentée, nous le trouvons au camp des Alliés, qui les aide à écraser Napoléon, c'est-à-dire, bon gré mal gré, la France elle-même. En cette triste et honteuse conjoncture, la mort, une mort lamentable, le dispense de montrer s'il est capable cette fois de persévérer dans son entreprise antipatriotique.

Ce qui, jusqu'à un certain point, excuse Moreau en 1796 et 1797, c'est l'état d'anarchie profonde où se débattait alors misérablement la France, en proie aux factions sous le Directoire, ce gouvernement sans force ni prestige. Livrés aux excitations des partis, sollicités par l'occasion, tous les généraux de l'époque contractèrent vite des habitudes déplorables d'intervention dans les affaires intérieures du pays, eurent de la peine à repousser des ambitions politiques trop faciles à satisfaire. Pas plus que Moreau et

Pichegru, Bernadotte et Augereau, Jourdan et Kléber, ni surtout les deux plus glorieux, Bonaparte et Hoche, ne sauraient réaliser l'idéal du soldat-citoyen, respectueux des lois, soumis sans réserve au pouvoir civil. Les Directeurs craignaient de voir entrer au Corps législatif tous ces généraux qui, affirme Barras, « ont leur couleur, et l'ascendant de leur renommée ». Et, suivant lui, il faut redoubler de manœuvres pour écarter des Conseils les Jourdan, les Pichegru, les Kléber (1). Tout aussi méfiante à l'égard des armées, trop jacobines à son sens, se montrait la coalition réactionnaire des modérés et des royalistes. Chaque jour les jeunes Incroyables à collet noir bravaient des militaires dans les rues de Paris, et souvent ils en recevaient de sévères leçons.

L'insuffisance des institutions, le désordre moral et matériel amènent trop naturellement la dictature pour qu'il y ait lieu d'incriminer bien vivement l'attitude des généraux

(1) Barras. — *Mémoires*, t. II, p. 371.

du Directoire. Une fois pris le goût des intrigues, beaucoup ne surent jamais s'en défaire, et de ce nombre fut Moreau.

Sous le commandement de ce dernier, l'armée du Rhin, dans un temps où les troupes ne se désintéressaient nullement des luttes intestines de la France, conserva les dispositions particulières soigneusement développées en elle par Pichegru et les agents secrets du prince de Condé. On était à la veille du 18 fructidor, ce coup d'Etat accompli par la majorité directoriale contre la majorité clichyenne des Conseils. A l'inverse des armées d'Italie et de Sambre-et-Meuse qui, sous Bonaparte et Hoche, manifestèrent bruyamment en faveur du Directoire, l'armée du Rhin se tint seule sur la réserve, ne fit entendre ni encouragements à l'Exécutif, ni menaces contre les Conseils et le parti clichyen. C'est que « ce parti, dit Miot de Mélito, avait noué des intrigues avec Pichegru et Moreau » et, ajoute-t-il, « l'armée d'Italie se glorifiait d'être une armée toute de révolutionnaires et de citoyens ; celle du

Rhin passait pour une armée de messieurs, comme on l'appelait à Milan. (1) » Barras, en cette circonstance, juge de même l'attitude de Moreau. « Les armées se sont prononcées, à l'exception de celle du Rhin. Moreau... a cru pouvoir se retrancher dans un prudent silence. Il donne pour raison *qu'il ne se connaît pas en politique*. Comme s'il ignorait pourquoi il a pris les armes en 1789, et pourquoi il commande en ce moment une armée de la République ! Ceux qui veulent excuser cette réserve de Moreau disent que sa conduite tient à la modération, à la sagesse de son caractère, qu'il porte dans la Révolution comme dans la guerre. Ainsi, ajoutent-ils par analogie, Moreau est peu propre à la guerre d'invasion, mais il fait admirablement retraite. » — « J'en conviens, sans le juger, dit le général Hoche avec sa franchise habituelle ; mais moi je me connais peu en retraite » (2).

Les triumvirs du Directoire, Barras, La

---

(1) Miot de Mélito. — *Mémoires* t. I, p., 180-183).
(2) Barras. — *Mémoires*, t. II, p. 513.

Revellière - Lepeaux, Rewbell comptent absolument sur Hoche et Bonaparte. Leurs collègues Carnot et Barthélemy, favorables à la réaction, cherchent un appui dans Moreau. Carnot ne tarit pas d'éloges sur « le Xénophon moderne, le premier défenseur de la patrie ». En germinal an V, il veut le retenir à Paris, où le commandant en chef de l'armée du Rhin désire d'ailleurs rester. « On croirait que Carnot a quelque dessein sur Moreau pour le faire concourir à quelque entreprise politique dans l'intérieur (1) ». La veille presque du coup d'Etat, du 12 au 15 fructidor an V,« Carnot voudrait encore que Moreau fût appelé près du Directoire ; nous ne le trouvons pas convenable (2). » C'est que « le parti contre-révolutionnaire du Corps législatif compte beaucoup sur Moreau... Les comploteurs de Clichy regardent... comme étant à eux... le général Moreau » (3). Revenu d'une mission en Alle-

(1) Barras. — *Mémoires*, t. II, p. 381.
(2) Barras. — *Mémoires*, t. III, p.14 et 15.
(3) Barras. — *Ibid.*, t. II, p. 473.

magne, l'adjudant-général Leclerc a fait, en floréal an V, un rapport confidentiel au Directoire. « Il résulterait des paroles échappées à Moreau que ce général aurait dans sa conversation (avec Leclerc) laissé percer un sentiment d'aversion pour le Directoire et contre la République elle-même » (1).

La trahison de Moreau, sous le Directoire, est attestée formellement par les plus célèbres agents royalistes de l'époque, par Montgaillard, notamment, et Fauche-Borel.

Montgaillard, écrivain politique, meneur d'intrigues, fut, sans titre, sans mission ostensible, le confident, l'espion de personnages puissants, même de souverains. Il eut des rapports personnels avec Louis XVIII et entra fort avant dans l'intimité du prince de Condé. Mis dans le secret des négociations de celui-ci avec Pichegru, c'est sans doute lui qui, par une duplicité odieuse, les révéla au Directoire.

Or, Montgaillard, si bien renseigné, témoi-

(1) Barras. — *Mémoires*, t. II, p. 387.

gne expressément contre Moreau à diverses reprises. Il le désigne, dès la fin de 1796, à un autre agent royaliste, au fameux comte d'Antraigues, comme l'un des généraux de la République avec lesquels il a poursuivi des intrigues.

Bonaparte fit arrêter d'Antraigues en Italie au mois de mai 1797, s'empara de son portefeuille, et envoya au Directoire des pièces extraites de ce portefeuille, notamment une *Conversation avec M. le Comte de Montgaillard.* Il tronqua probablement la *Conversation*, n'en expédia qu'une partie. Quoi qu'il en soit, ce document fut inséré au *Moniteur* lors du coup d'Etat du 18 fructidor. Dans une *Déclaration*, parvenue au gouvernement français après fructidor seulement, le comte d'Antraigues contesta l'authenticité de la « prétendue » conversation avec « le prétendu comte de Montgaillard », et celle des autres pièces également tirées du portefeuille. Celui-ci, en effet, avait été ouvert sans que son propriétaire fût présent. Mais d'Antraigues se contredit lui-même ; la *Dé-*

claration contient cet aveu : « Je dois dire ce que c'est que ce papier (la Conversation) : c'est un écrit à mi-marge, sur grand papier, de trente-trois pages, *écrites de ma main* ». D'autre part, Mallet du Pan, dans sa correspondance avec la cour de Vienne, écrit, le 26 septembre 1797 : « Quant à la relation de Montgaillard, trouvée dans le portefeuille de d'Antraigues, j'observe qu'il serait difficile de rencontrer en Europe deux menteurs plus consommés que ces deux personnages, qu'en conséquence leurs rapports ne mériteraient aucune confiance ; mais il est certain que Montgaillard fut, dans le temps, chargé d'une négociation analogue par M. le prince de Condé, et j'ai lu, écrite de sa main en 1796, une relation de cette affaire littéralement conforme à celle qu'on vient de publier (1). » Pour qui connaît les opinions du monarchiste constitutionnel Mallet du Pan, la fermeté et la loyauté de son caractère, ses hautes relations, l'autorité dont il jouissait, l'assertion

(1) Mallet du Pan, 2e vol, page 342.

paraîtra décisive, en dépit des réserves et des protestations du comte d'Antraigues (1).

D'ailleurs Moreau se trouve nommé, non pas dans la partie de la *Conversation* adressée au Directoire et divulguée par ses soins, mais dans une autre partie, retranchée sans doute et gardée secrète par Bonaparte, pour des raisons faciles à comprendre. Voici, en effet, ce qu'on lit dans la *Déclaration* : « Ce Monsieur (le comte, ou, suivant d'Antraigues, le faux comte de Montgaillard) prétendait que je devais lui procurer des fonds pour ses besoins, lui en faire fournir par les ministres des puissances ; et, pour m'engager à l'aider, il me fit l'histoire de ses négociations et de son importance. Il avait négocié avec l'Empereur, Mgr l'archiduc Charles, Mgr le prince de Condé, les généraux Pichegru, MOREAU et BONAPARTE. Il avait été le moyen pour les gagner et les amener au parti du roi. »

---

(1) Voir aussi : FAUCHE-BOREL, cité plus loin au cours de ce chapitre.

D'Antraigues, quoique dans la *Déclaration* il ait avancé le contraire, pour infirmer la valeur de la *Conversation*, comme engagée avec un faux Montgaillard, connaissait parfaitement le vrai Montgaillard. C'est ce qui ressort d'une lettre envoyée, le 11 prairial an VI, à Talleyrand, ministre des relations extérieures, par Roberjot, ministre plénipotentiaire de France à Hambourg. « Je joins, dit Roberjot, un mot d'écrit du ci-devant comte d'Antraigues, adressé à Montgaillard, pour établir que le premier connaissait bien Montgaillard, quoiqu'il ait dit dans un libelle qu'il n'avait jamais entendu parler de lui. »

Montgaillard reproduit ses accusations contre Moreau en plusieurs endroits d'un *Mémoire concernant la trahison de Pichegru dans les années III, IV et V*. Ce récit date de 1798. On a affirmé qu'il n'a été composé qu'en 1804, lors de la conspiration de Georges, et sur l'ordre de la police, pour perdre plus sûrement Moreau, en établissant que, dès le Directoire, ce géneral conspirait contre la République. Effectivement Montgaillard a trafiqué de sa plume une fois de plus en 1804. Mais son *Pichegru et Moreau*, imprimé en l'an XII, ne doit pas être confondu avec le *Mémoire* manuscrit déposé aux Archives Nationales (1). Celui-ci est bien de 1798. Dans la lettre de Roberjot citée plus haut et datée du 11 prairial an VI, ce diplomate annonce que Montgaillard vient de le lui apporter pour le Directoire : « Il m'a remis : 1o Un précis historique de cette conjuration (de Pichegru) dont les développements sont du plus grand intérêt... »

Le manuscrit porte, d'ailleurs, en lui-même la preuve qu'il a été rédigé dès 1798. Ce n'est pas un réquisitoire contre Moreau, dont il est parlé bien moins que de Pichegru, et accidentellement en quelque sorte.

A la page 33, il est question des succès de Bonaparte en Italie ; l'auteur orthographie *Buonaparte*. Cette orthographe n'eût pas été employée, en 1804, par un pamphlétaire aux gages du gouvernement ; le libelliste de 1804

---

(1) *Arch. Nat.*, A. F., III, 44.

sait, d'ailleurs, bien écrire *Bonaparte* dans une lettre au Préfet de police, reçue le 9 ventôse an XII, où il fait ses offres de services. (Arch. Nat.)

Dans les notes du manuscrit, Mallet du Pan est désigné (1) comme agent soldé de l'Angleterre, qui entretient une correspondance très active en Suisse; Fauche-Borel, lit-on au même endroit, est dans cet instant à Berlin; « le maréchal de Castries a eu du prétendant ordre de résider à Goslar, d'où il correspond avec Constance, qu'on doit considérer comme le point de contact de Mittau avec les frontières de France » (2). Or, pendant la première moitié de l'année 1804, au moment de l'arrestation et du procès de Georges et de ses complices, Fauche-Borel est prisonnier à Paris; Mallet du Pan et le maréchal de Castries sont morts, l'un depuis 1800, l'autre depuis 1801; Louis XVIII, expulsé de Mittau par le czar Paul Ier, sé-

(1) Page 43.
(2) Page 43.

journe à Varsovie, en territoire prussien.

Voici maintenant quelques citations prises dans le *Mémoire* manuscrit de Montgaillard, aux Archives Nationales :

Pichegru « annonça qu'il reviendrait à Strasbourg sous prétexte d'y mettre ordre à ses affaires, et qu'il donnerait à Moreau, son successeur au commandement, lequel allait se rendre à Paris, tous les renseignements, toutes les instructions convenables au plan qu'il était résolu de suivre. »

« Le 20 mai, à 10 heures du soir, M. Fauche... remit à ce prince (à l'archiduc Charles)... l'aperçu du plan de campagne que Pichegru avait tracé à Moreau... Pichegru faisait sentir à M. l'archiduc la nécessité que les Autrichiens attaquassent les premiers et eussent l'air de prévenir les républicains, afin de couvrir le général Moreau et de ménager les apparences. »

« Dans le courant de cette audience (2 juin) M. l'archiduc me dit à deux reprises différentes : « J'ai fait sonder, depuis que je suis ici, le général Moreau, je suis satisfait de ses dispositions, elles sont telles qu'on me l'avait assuré. »

« En vain le prince (de Condé) eût-il plusieurs fois le mot d'ordre de l'armée républicaine; en vain, après la prise d'Augsbourg, Moreau lui fit-il proposer de se réunir à lui (1) et de se replier en toute diligence sur le Rhin, le prince rejeta toutes les propositions qui lui furent faites » (2).

En 1814, à peine le roi Louis XVIII fut-il monté sur le trône, qu'il fit écrire par Montgaillard, toujours en faveur malgré ses volte-face, et approuva une brochure intitulée : *De la Restauration de la monarchie*

---

(1) Note du manuscrit de Montgaillard : « J'en tiens l'assurance de plusieurs officiers du prince, du cher de Contye, de Montesson ; et *le prince lui-même me la donna* au mois de janvier en ajoutant qu'il n'avait pas cru prudent alors de s'y confier. J'ai toujours été persuadé que les dispositions dans lesquelles était Moreau, et dont M. l'archiduc ne pouvait douter, ont permis à M. l'archiduc de porter la plus grande partie de ses forces contre Jourdan, et ont facilité le retour de ce prince sur le Rhin et les succès des armées impériales ».

(2) Pages 30, 31, 32 et 36.

des Bourbons et du retour à l'ordre. Au début, l'auteur s'exprime ainsi : « Il est atteint ce but vers lequel fut dirigée la conjuration de Pichegru et de Moreau... J'ai vécu assez longtemps pour voir réaliser les projets de ces deux généraux, pour être témoin du rappel de mon souverain, de mes princes légitimes au trône de saint Louis ».

Récusera-t-on le témoignage formel et plusieurs fois répété de Montgaillard? Sans doute, c'est un homme sans scrupules, le plus effronté, le plus cynique des coquins, capable de tous les mensonges, de toutes les calomnies. Mais il est très informé. Ses affirmations, son opinion n'ont jamais varié en ce qui concerne Moreau. Quel intérêt avait-il donc, en 1814, après la mort de ce général, à insister sur sa complicité avec Pichegru et les royalistes?

Non moins explicite est un autre agent des Bourbons, le libraire de Neuchâtel Fauche-Borel. Négociateur principal entre le prince de Condé et Pichegru, Fauche, en 1804, lors de la conspiration de Georges, servit encore d'intermédiaire pour réconcilier le vainqueur de Hohenlinden et le conquérant de la Hollande.

Il ne le conteste point, il a nié tout d'abord « la pièce tirée du portefeuille de M. le comte d'Antraigues ». Mais il ajoute : « Cela a été vrai jusqu'à la Restauration, parce qu'il était de mon devoir de ne pas reconnaître une pièce qui servait de prétexte à des proscriptions. Mais (en se donnant la peine de lire le deuxième volume de ces Mémoires), on verra que, devant le tribunal de l'histoire, je n'ai point regardé cette pièce comme un roman » (1).

Dans la Préface de son premier volume, Fauche-Borel est on ne peut plus catégorique (2) : « Ceci jettera une plus vive lumière, tant sur les véritables intentions des généraux Pichegru et Moreau, *avec qui j'eus à traiter confidentiellement*, que sur les hautes pensées

(1) Fauche-Borel. — *Mémoires*, t. IV (post-scriptum de la deuxième préface).

(2) Pages 16 et 30.

du chef auguste de la maison de France et des cabinets les plus prépondérants. Il en résulte : 1° Que ces deux généraux, loin d'avoir eu la pensée de trahir les intérêts de leur patrie, n'ont jamais eu d'autre intention que de mettre un terme aux déchirements et aux calamités de la France, par le rétablissement de la Monarchie, sous l'égide de la paix générale, et de l'exercice des libertés publiques consacrées dans une charte volontairement consentie ; que, par conséquent, si leurs vues avaient pu être accomplies, soit en 1795 ou en 1797, soit en 1799 ou en 1804, soit en 1813, la France... eût conservé, au retour de son roi, ses limites naturelles... — Quand je dis et j'affirme que ces deux généraux (Pichegru et Moreau) embrassèrent successivement les négociations que j'étais chargé de diriger au nom du prince de Condé et de S. M. Louis XVIII, je ne prétends pas qu'on me croie sur parole. Mais je déclare que non seulement j'ai vu et entendu par moi-même, mais que j'ai recueilli de la bouche des princes, de leurs agents et des ministres du roi d'Angleterre, et que j'ai puisé dans leurs instructions, la plupart des faits que je retrace, et les fondements de mes négociations. Ce que j'avance est, d'ailleurs, prouvé par les lettres du prince de Condé, par les dépêches et les instructions du Roi, et par d'irrécusables témoignages ; *d'ailleurs, la conduite des généraux Pichegru et Moreau se trouve éclaircie et expliquée par les événements mêmes*. Les preuves produisent des preuves, et par là les négociations secrètes acquièrent un nouveau degré d'évidence et d'authenticité. Du reste, je défie qu'on m'oppose des dénégations valables, ni aucune preuve contraire ».

Le 20 avril 1796, Fauche-Borel écrit au maréchal Wurmser : « Il est positif, et j'ai la certitude que Moreau a été instruit et mis par Pichegru dans l'affaire dont celui-ci s'occupe » (1).

Quand se trame, en 1803 et 1804, la conspiration de Georges, l'un des mystérieux correspondants parisiens du comte d'Antraigues,

(1) Fauche-Borel. — *Mémoires*, t. Ier, p. 363.

l'*ami* (1), très au courant, comme on sait, montre Pichegru et Moreau qui marchent parallèlement à Georges ; le second des généraux lui paraît uni au premier par le désir de relever la royauté au profit du duc d'Orléans. Seul, cet amour commun du monarchique explique le maintien ou le rétablissement de relations entre deux hommes destinés, semble-t-il, à se haïr sans fin, après la conduite tenue par l'un à l'égard de l'autre au 18 fructidor (2).

(1) Le comte d'Antraigues eut, à Paris, sous le Directoire, depuis 1798, puis sous le Consulat et l'Empire, des correspondants dissimulés sous des pseudonymes : d'abord Vannelet, ensuite successivement l'*ami* et *le fils de l'ami* ; en outre, l'*amie*. Celui dont nous parlons plus haut est l'*ami*, mort dans l'été de 1804. Les trois hommes épient et communiquent les secrets d'Etat ; la femme révèle les intrigues de boudoir et d'alcôve. Tous sont admirablement placés pour observer, se rendre un compte exact. L'*ami* et *le fils de l'ami*, redoutables espions, se trouvent en grande familiarité dans les bureaux de la guerre ; ils sont intimes avec Durant, chef de division au ministère des affaires étrangères ; ils possèdent la confiance de Talleyrand qui les emploie à ses besognes secrètes.

(2) Voir Léonce Pingaud. — *Le comte d'Antraigues* p. 250.

Dans l'inconsistance et le flottement de leurs projets, les deux militaires politiciens, rebelles, soit contre le Directoire, soit contre le Consulat de Bonaparte, hésitent s'ils déféreront la couronne au comte de Provence ou au duc d'Orléans (1). Le libéralisme de ce dernier leur inspire peut-être, en 1804, plus de confiance. A moins que chacun d'eux ne songe, en son for intérieur, à exercer lui-même une dictature au moins provisoire.

Quoi qu'il en soit, peut-on n'être pas frappé de la concordance des témoignages en ce qui touche le royalisme de Moreau ? Croit-on, par hasard, à un accord secret entre Miot de Mélito, Barras, Montgaillard, Fauche-Borel, l'*ami* du comte d'Autraigues, pour travestir, contre toute vérité, le général en un contre-révolutionnaire, en un partisan des Bourbons ? D'ailleurs, selon la remarque si juste de Fauche-Borel, toute sa conduite ultérieure, de 1799 à 1813, date de sa mort, confirme, de la façon la plus éclatante, l'hy-

---

(1) Ou encore, peut-être, au duc d'Enghien.

pothèse de sa trahison en 1796 et 1797. Aussi bien, dès les premiers jours de la Restauration, Louis XVIII se hâte d'associer dans la reconnaissance de la dynastie des Bourbons les deux noms de Pichegru et de Moreau ; il ordonne de rendre les plus grands honneurs à leur mémoire ; il décrète que des statues leur seront dressées à l'un et à l'autre.

Resterait à supposer, malgré tout, que, conspirateur, Moreau n'était pas précisément royaliste, mais clichyen modéré. Les clichyens modérés, à la remorque d'ailleurs des monarchistes, ne souhaitaient pas expressément le retour de Louis XVIII ou du duc d'Orléans. Avec des idées moins arrêtées, ils se révoltaient seulement, après Thermidor, contre les sanglantes hécatombes de la Terreur, plus tard contre l'anarchie et l'arbitraire caractéristiques tout à la fois du système directorial. Ils n'étaient pas les plus ardents, les plus audacieux, mais les plus nombreux parmi les ennemis du Directoire. Avant le 18 Fructidor, on les rencontrait, quoique en minorité, même dans le gouvernement, en majorité dans les Conseils législatifs. Sur cinq Directeurs, deux partageaient leurs vues : Carnot, protecteur de Moreau, et Letourneur d'abord, Barthélemy ensuite. Des discussions singulièrement aigres et passionnées s'élevaient entre les deux fractions opposées de l'Exécutif. Barras, Rewbell, La Revellière-Lepeaux ne ménagent pas leurs collègues modérés ; ils n'en sont pas épargnés non plus. Voici le résumé d'une séance du Luxembourg (1), extrait des Mémoires de Barras :

« Rewbell et La Revellière ne se dissimulent pas le danger que court la patrie, lorsqu'on voit la marche du Corps législatif, les assassinats de l'intérieur, les prêtres fanatiques favorisés, les émigrés rentrant de toutes parts, le royalisme triomphant, le découragement des patriotes ; un pareil état de choses nécessite des mesures promptes ; elles appar-

(1) Le palais du Luxembourg était la résidence du Directoire.

tiennent aux ministres de la justice et de la police. Carnot s'étonne que La Revellière et Rewbell attachent de l'importance à ce qu'il appelle les caquetages de l'anarchie. Il défend le Corps législatif, conservateur, dit-il, de la République. La Revellière souhaiterait que tous ses collègues vécussent aussi isolés que lui de toute intrigue. Carnot, dont la vie se passe à craindre tout, dit maintenant que ceux qui craignent sont des lâches, qu'il y a très peu de royalistes. Letourneur applaudit... Carnot continue et prétend que les prêtres ne font tant de mal que parce qu'on les persécute. Il apostrophe Rewbell qui a dit que son département était fanatisé ; Carnot soutient le contraire et donne pour garant le général Moreau qui, ayant toujours guerroyé de ce côté, connaît parfaitement le département du Haut-Rhin. Mais Scherer affirme que le fanatisme y est inoculé.... « Rewbell et La Revellière viennent nous débiter des commérages, dit Carnot ; je nie ce qu'ils avancent, et j'en prouverai la fausseté ». Il termine par ces mots : « Vous êtes trois contre moi, vous êtes les maîtres ; eh bien ! dictez des arrêtés ! » (1).

Que Moreau ait été un clichyen royaliste ou un clichyen modéré, il n'en fut pas moins un soldat conspirateur, sans droiture ni franchise. Mais, nous le répétons, les royalistes l'ont toujours considéré comme un des leurs ; toujours ils ont espéré s'en servir comme d'un instrument docile pour une Restauration. Et, nous le verrons encore par la suite, quoiqu'avec des réticences et des arrière-pensées personnelles, sans cesse ce Monk de leurs rêves écouta avec complaisance leurs ouvertures, la confidence de leurs desseins et de leurs espérances (2).

Le Directoire soupçonnait le commandant

(1) BARRAS. — *Mémoires*, 6 prairial an V, t. II, p. 405.

(2) MONTGAILLARD, dans ses *Souvenirs*, a écrit : « Moreau a été patriote, républicain, jacobin, tout ce qu'on a voulu qu'il fût ou parût être. En réalité, ce général était sans système, sans volonté politiques. » Il y a bien quelque vérité dans cette appréciation ; cependant, soit hasard des événements, soit sympathie naturelle de sa part, tout le prouve, Moreau a plutôt orienté sa vie politique vers les royalistes.

en chef de l'armée du Rhin ; après le 18 Fructidor, il le révoqua.

Barras écrit encore dans ses *Mémoires*, 20 au 28 vendémiaire an VI : « Le général Moreau proteste de son dévouement et de son attachement pour moi ; s'il avait un peu plus d'activité dans le caractère, il pourrait n'être pas étranger à beaucoup d'intrigues qui s'ourdissent » (1).

C'est cela même : Moreau, animé de l'esprit d'intrigue, manque de l'activité, de la résolution nécessaires au rôle de conspirateur. Toujours incertain, vacillant, il attend, ce semble, l'issue des événements avant de se prononcer ouvertement, sans retour.

Au 18 Fructidor, il se signale par une démarche bien propre à exaspérer le parti de la réaction, tout en éveillant les légitimes méfiances du gouvernement directorial.

Lors du second passage du Rhin, il s'était emparé, à Offenbourg, des fourgons du général autrichien Klinglin, et y avait trouvé

---

(1) BARRAS. — *Mémoires*, t. III, p. 63.

une correspondance chiffrée du prince de Condé et d'autres agents du prétendant Louis XVIII. Elle renfermait la preuve des relations entretenues avec eux par Pichegru. Au lieu de l'envoyer aussitôt à Paris, comme c'était son devoir, il l'avait gardée par devers lui, sous prétexte, expliqua-t-il plus tard, de la faire déchiffrer à son quartier général. Il laissa même ignorer complètement au Directoire l'existence et la saisie de ces lettres, pourtant si importantes. Agit-il de la sorte par égard pour Pichegru, son ancien chef, son bienfaiteur et son ami ? Ceux qui le prétendent lui prêtent des sentiments trop généreux. En effet, à la première nouvelle du coup d'Etat de Fructidor, aussitôt Pichegru arrêté, il s'empressa de révéler les pièces accusatrices, de fournir contre le coupable des preuves accablantes, les moyens d'aggraver les charges et de justifier la proscription. C'est qu'alors la cause des clichyens était irrévocablement perdue. Le commandant en chef de l'armée du Rhin n'avait plus qu'un souci : se mettre en sûreté, se dégager de toute solidarité compromettante avec son prédécesseur.

Toutefois, pour sauver l'odieux de son procédé, il imagina d'antidater sa dénonciation. La lettre qui la contient, adressée au Directeur Barthélemy, porte la date du 17 fructidor, veille du coup d'Etat. On assure que la nouvelle de la révolution, accomplie dans la nuit du 17 au 18, lui était arrivée par le télégraphe dès le matin du 18, et qu'aussitôt, mais alors seulement, il s'était décidé à parler, à faire en toute hâte au gouvernement la communication d'un secret trop longtemps gardé. Lui-même, un peu plus tard, dans une lettre du 10 vendémiaire, an VI, fournit, à ce sujet, au ministre de la police générale des explications assez embarrassées : « Le 17, je chargeai un courrier de retour, de ma lettre du même jour au citoyen Barthélemy. Ce courrier partit de Strasbourg le 18 fructidor au matin. Les événements du 18 n'ont été connus dans cette ville que le 22 ». Ainsi, à l'entendre, sa lettre à Barthélemy aurait été écrite le 17, avant le coup d'Etat, mais ne serait partie que le lendemain 18. Sans doute, l'affaire du 18, ou plutôt de la nuit du 17 au 18, n'a été connue à Strasbourg que le 22 ; mais, il est permis de le supposer, le 18 au matin (par conséquent avant le départ du courrier) le télégraphe avait fait connaître en gros, sinon en détail, et à Moreau, sinon à la ville de Strasbourg tout entière, la découverte de la conspiration et les noms des principaux coupables.

Pour écarter mieux encore tout danger de sa personne, le général en chef de l'armée du Rhin, dans une proclamation à ses troupes, protesta de sa fidélité à la République, flétrit en termes indignés la trahison de Pichegru. Il expédia une copie de cette proclamation au triumvirat directorial victorieux, et lui écrivit : « On me croyait l'ami de Pichegru, et dès longtemps je ne l'estime plus ».

Barras et ses collègues ne se laissèrent pas convaincre ; nous l'avons dit, ils destituèrent Moreau.

Quant aux Fructidorisés (1), ils s'élevèrent vivement contre sa déloyauté. On en peut juger d'après un passage d'une brochure publiée par l'un d'eux, C. J., à Hambourg, en 1798, *Sur la Révolution du 18 Fructidor* : « Moreau... vient déposer contre le vaincu..... la bonne foi de ce général est-elle après tout si évidente ?.... Que penser d'un homme qui dénonce son ami..., qui le dénonce sans avoir pris aucune des précautions que suggère la délicate et généreuse amitié ? Que penser d'un homme qui, depuis longtemps en possession de ces pièces, choisit, pour les annoncer, le moment où elles pouvaient hâter ou justifier la révolution fatale qui se préparait ; qui, pendant qu'il signalait Pichegru comme chef d'un parti fatal à son pays, écrivait d'autre part à divers personnages de ce même parti, pour les assurer de son dévouement à leur cause ? Le moyen de croire un homme qu'on ne peut plus estimer ? Le moyen de se

(1) On désignait ainsi les victimes du coup d'Etat du 18 Fructidor.

confier à celui qu'on surprend en contradiction avec lui-même, et qui, dans toutes les suppositions, a trompé l'un des deux partis? » (1).

Thiers veut trouver, dans les lettres mêmes saisies à Offenbourg, la preuve de l'innocence de Moreau. « Pichegru ne cessa de dire qu'il ne fallait pas s'adresser à Moreau, parce qu'il n'accueillerait aucune ouverture » (2).

Puisque Moreau conserva plusieurs mois ces pièces sans en référer au Directoire, on est autorisé à se demander s'il n'en supprima ou n'en altéra pas quelques-unes, les plus propres à le compromettre lui-même. D'ailleurs son ancien chef pouvait, pour plus d'une raison, déconseiller de s'ouvrir directement à lui. Il connaissait son caractère équivoque, il se défiait de lui à juste titre. Demougé, l'homme de confiance de Pichegru, n'écrit-il pas : « Le général Moreau, que Pichegru dit

---

(1) Pages 12 et 13.

(2) THIERS. — *Histoire de la Révolution*, 13e édition, t. IX, p. 195,

n'être pas tout à fait de son genre... », et ailleurs : « Il ne faut pas faire de tentatives sur Moreau ; mais s'il est frotté par les Autrichiens, il sera disposé à tout faire » (1). Très ambitieux aussi et très ombrageux, Pichegru craignait peut-être de voir diminuer son propre rôle dans la conjuration. Le premier rang qu'il y tenait jusque-là pouvait lui échapper, passer à son ex-lieutenant devenu, par le commandement de l'armée du Rhin, un personnage considérable. C'est ce qu'il désirait empêcher sans doute. On explique facilement, par cette préoccupation très naturelle, ses recommandations de ne pas traiter directement avec son successeur.

(1) T. Ier des pièces trouvées à Offenbourg, dans le fourgon de Klinglin, pages 480-518.

CHAPITRE IV

LA 2e COALITION. — MOREAU EN ITALIE (1799). — IL EST NOMMÉ DE NOUVEAU COMMANDANT EN CHEF DE L'ARMÉE DU RHIN. — LES ENNEMIS DU DIRECTOIRE LUI OFFRENT VAINEMENT LE POUVOIR. — SA COOPÉRATION AU 18 BRUMAIRE.

Provoquée par les fautes du Directoire et par l'activité haineuse de la diplomatie anglaise, une deuxième coalition se forma contre la France en 1799. Le théâtre de la guerre s'étendit, à travers l'Allemagne et la Suisse, de la Hollande à l'Italie.

Au début, l'armée autrichienne d'Italie était forte, en première ligne, de soixante mille hommes. En arrière, vingt-cinq mille autres se préparaient à rejoindre bientôt. Le commandement appartenait au vieux baron de Mélas, général valétudinaire qui arrivait à petites journées. En attendant, Kray le suppléait. Celui-ci, actif, intrépide, doué de coup d'œil et de sang-froid, passait alors pour l'homme de guerre le plus habile de l'Autriche après l'archiduc Charles.

Plus tard, Souwarow survint avec trente mille Russes environ. Le Conseil aulique de Vienne, lui subordonnant Mélas et Kray, le chargea de la haute direction des Austro-Russes réunis.

Célèbre par ses victoires et ses cruautés dans les guerres de Turquie et de Pologne, Souwarow avait reçu le surnom d'Invincible. Il se distinguait par une bizarrerie affectée, une brusquerie féroce, une insolence inouïe à l'égard même de ses propres alliés. On lui reconnaissait, d'autre part, l'intelligence, la promptitude et la sûreté du coup d'œil, une vigueur extraordinaire dans le caractère, de l'activité, de l'impétuosité, de l'éloquence, un ascendant immense sur le soldat qui l'adorait et le redoutait tout à la fois. Assez inhabile aux combinaisons stratégiques, il formulait ainsi son art : « Des colonnes, la baïonnette, l'arme blanche, attaquer, enfoncer. » C'était un barbare, mais un barbare possédant quelques-unes des maîtresses parties du grand capitaine. Ses soldats, à demi sauvages, dépourvus d'instruction, déployaient une ardente et opiniâtre bravoure qui tenait du fanatisme. Son état-major, sa cavalerie, son artillerie, son génie étaient de valeur très médiocre.

Les Français se trouvaient en Italie au nombre de cent seize mille, mais disséminés dans la péninsule. Sur l'Adige, en présence des soixante mille combattants de Kray, il n'y eut, à l'ouverture des hostilités, que quarante-six mille hommes. Trente mille étaient à Naples avec Macdonald.

Pour conduire la principale armée, celle de l'Adige, on songea à Moreau. Disgracié après le 18 Fructidor, il avait été ensuite envoyé au-delà des Alpes, à la fin de 1798, avec la simple fonction d'inspecteur général de l'infanterie. Barras, pour des raisons politiques, lui fit refuser le commandement en chef. Le ministre de la guerre Scherer l'obtint. C'était un bon général, dont la réputation était légitime. Malheureusement, usé par l'âge et les infirmités, sa sévérité l'avait en outre rendu très impopulaire parmi les troupes. Son premier soin fut de s'attacher Moreau, de le prendre pour conseiller. Les talents et la fermeté (1) de ce dernier ne purent qu'atténuer les fatales conséquences des fautes commises par le généralissime.

On avait donné à Scherer l'ordre de franchir l'Adige. Mais les Autrichiens occupaient sur ce fleuve les deux fortes places de Vérone et de Legnago, et Kray, de son côté, avait pour instructions de prendre l'offensive. De part et d'autre plusieurs jours se passèrent en tâtonnements. Au cours de manœuvres compliquées, les deux armées finirent par se rencontrer le 5 avril (1799) à Magnano, sur

(1) Il n'y a aucune contradiction à louer la fermeté de Moreau à la guerre, tout en lui reprochant la plus misérable irrésolution en politique. Encore s'agit-il, ici, de fermeté sur le terrain, en face de l'ennemi, et non dans les rapports avec les subordonnés.

la rive droite, entre les deux forteresses, mais plus près de Vérone. Les troupes françaises étaient très dispersées, celles de l'ennemi concentrées. Kray tomba à l'improviste, avec le gros de ses forces, sur notre droite qu'il mit en déroute. Puis il chercha à enfoncer notre centre ; Moreau l'arrèta.

Moreau conseillait de coucher sur le champ de bataille, afin d'éviter la confusion d'une retraite de nuit. Mais Scherer, qui avait perdu la tête, en décida autrement. On rétrograda en hâte sur le Mincio, puis sur l'Oglio, puis encore sur l'Adda. Cette fuite précipitée et injustifiable, même après la bataille de Magnano, *la bataille de Scherer*, comme l'appelaient les soldats fit éclater dans toute l'armée les sentiments de la plus vive indignation.

Il ne restait plus que vingt-huit mille combattants. Sans tenir compte de la rude leçon de Magnano, Scherer les dissémina encore le long de l'Adda, au risque de faire écraser une seconde fois ses corps isolés par les masses ennemies.

A ce moment Mélas était arrivé auprès de son lieutenant Kray. Bientôt Souwarow, avec les Russes, ralliait à son tour les deux généraux autrichiens, et tout aussitôt il se mettait à la tête de toutes les troupes austro-russes d'Italie.

Le 27 avril au soir, quand l'armée française morcelée n'avait déjà plus l'espoir de conserver la ligne de l'Adda, Scherer s'efface, passe le commandement à Moreau. Il est trop tard. Victimes des mauvaises dispositions prises précédemment, accablés par le nombre, nos pauvres soldats, malgré des prodiges de valeur, reculent, avec des pertes considérables.

Tel est le désastre de Cassano (28 avril).

Avec un sang-froid admirable, Moreau parvient à rassembler les vingt mille hommes encore debout. Manœuvrant devant une armée quatre ou cinq fois plus forte, il couvre Milan, en danger d'être conquise le jour même. Après deux jours passés dans cette ville, pour y reprendre haleine et évacuer les parcs et les bagages qui s'y trouvent, il se retire derrière le Pô, se retranche solidement entre ce fleuve et son affluent le Tanaro. Là, défendu de front et sur les flancs par Valenza, Alexandrie et Casal, il attend, calme, les mouvements de l'adversaire. En même temps il garde la route de Gênes par où Macdonald doit arriver du sud de la péninsule. Comme le Piémont et la Toscane se soulèvent contre les Français, il charge deux colonnes mobiles d'assurer ses derrières du côté des Alpes, de dissiper les rassemblements périlleux pour ses communications avec la France.

L'impétueux Souwarow avait fait cependant une entrée triomphale dans Milan, au milieu des acclamations prodiguées, sous l'inspiration du clergé et des nobles, par cette même population qui autrefois avait salué en Bonaparte le libérateur de l'Italie. Encore ébloui des fêtes brillantes célébrées en son honneur, le généralissime des Austro-Russes marcha contre Moreau, vint s'établir en face de lui à Tortone. Bientôt, divisant ses forces, il en porta une partie sur notre gauche, devant Casal. Notre position devenait difficile. Exposés à des attaques de front et de flanc par des masses supérieures, inquiétés par les progrès rapides de l'insurrection sur nos derrières, il nous importait de nous replier en toute hâte vers la rivière de Gênes, pour assurer à la fois nos communications avec la France et avec la Toscane d'où Macdonald était attendu. Moreau y réussit par une série d'opérations merveilleuses. On ne sait ce qu'en cette circonstance il faut le plus louer, la rare bravoure des soldats ou l'activité infatigable et les savantes combinaisons de leur chef. Celui-ci laissa une garnison de trois mille hommes dans Alexandrie ; le reste, dix-sept à dix-huit mille hommes, occupa l'Apennin aux environs de Gênes.

Sur ces entrefaites Macdonald remontait lentement de Naples vers le Nord. Après avoir perdu beaucoup de temps en Toscane, il ne déboucha sur la Trebbia, avec ses divisions trop distantes les unes des autres, qu'au milieu du mois de juin. Informé de l'approche de ce nouvel adversaire, Souwarow concentra derechef les forces austro-russes entre Alexandrie et Tortone. Son but était d'entraver la jonction des deux armées françaises, et de se jeter, suivant les circonstances, sur l'une ou l'autre prise séparément. Macdonald commit encore une faute. On était en droit déjà de lui reprocher la lenteur de ses mouvements et l'éparpillement de ses corps. Au lieu de s'appuyer, dans sa marche, aux montagnes de l'Apennin, pour donner la main à Moreau, imprudemment il s'aventura au loin dans la plaine. Moreau comptait, au moment où Souwarow se heurterait de front contre l'armée de Naples, tomber lui-même sur le flanc droit du général russe. Ce projet ne présentait plus les mêmes chances de succès par suite de l'éloignement de Macdonald. Souwarow comprit d'ailleurs très bien l'importance de l'Apennin où devait s'établir la communication entre ses deux ennemis ; il accumula de ce côté, à sa droite, ses meilleures troupes.

Moreau était investi d'une autorité supérieur à celle de son collègue. Pourquoi donc ne confia-t-il pas sa propre armée à un de ses lieutenants, soit Grenier, soit Grouchy, et ne se rendit-il pas de sa personne à l'armée de Naples, quand celle-ci eut pénétré en Toscane ? L'armée de Naples était la plus nombreuse ; elle avait, pour appliquer le plan de jonction, la tâche la plus délicate à remplir. A sa tête devait se placer le généralissime. Moreau craignit, dit-on, de froisser les susceptibilités de Macdonald. Ce n'est pas là une excuse valable. Peut-être, s'il eût commandé directement les trente mille hommes venus du sud de l'Italie, eussions-nous été victorieux, au lieu d'être battus, comme nous le fûmes sur la Trebbia dans trois sanglantes journées, les 17, 18 et 19 juin.

Encouragé par un succès d'avant-garde, Macdonald s'empressa d'attaquer Souwarow, avant même d'avoir réuni ses divisions. Il ne les eut toutes sous la main que le troisième jour. Moreau ne put arriver à temps pour prendre une part quelconque à l'action. Fut-ce de sa part manque de célérité, circonspection exagérée dans les mouvements ? Ou doit-on imputer son retard simplement à la distance, aux difficultés qu'il rencontra ? D'aucuns l'accusent d'avoir obéi à un sentiment de jalousie. Après avoir laissé par timidité la direction de la principale armée à Macdonald, il ne voulut pas, à ce qu'on prétend, lui procurer la victoire en se joignant à lui. Selon d'autres, au contraire, ce serait Macdonald qui, pour jouir d'une gloire sans partage, aurait engagé le combat avec une hâte présomptueuse. Quoi qu'il en soit, les pertes furent énormes du côté des Français et du côté des coalisés. Mais, complètement épuisés, les premiers n'avaient pas de nouvelles ressources à attendre ; les seconds recevaient chaque jour des renforts. Témoin de l'exténuation et du délabrement effrayants de ses soldats, Macdonald résolut de battre en retraite au plus vite ; soutenu par Moreau, il le fit sans trop de désordre. Nos deux armées se trouvèrent enfin concentrées près de Gênes, mais nous étions à peu près chassés de l'Italie.

A la suite de ces événements, le Directoire rappela Macdonald et remplaça Moreau par Joubert. Moreau fut mis à la tête d'une prétendue armée du Rhin qui n'existait pas encore. Aussi resta-t-il provisoirement dans la péninsule, où l'ardent et généreux Joubert le traita comme un maître dans l'art de la guerre, et, à l'exemple de Scherer, eut recours à ses précieux conseils.

L'armée française réorganisée ne comprenait que 40.000 hommes. Les Austro-Russes de Souwarow, Mélas et Kray, formaient, sans compter les troupes demeurées en arrière, une masse de plus de 60.000 combattants. En présence de ces forces supérieures, Joubert et Moreau, qui avaient débouché de Gênes par le col de la Bocchetta et la vallée de la Bormida, décidèrent de rentrer dans l'Apennin et de s'y tenir sur la défensive. Mais brusquement Souvarow et Kray les assaillirent à Novi le 15 août. Dès le commencement de cette sanglante affaire, Joubert se fit tuer en chargeant héroïquement à la tête d'une brigade. Moreau reprit aussitôt le commandement suprême. Il repoussait victorieusement les efforts de l'ennemi, lorsque Mélas parut à son tour sur le champ de bataille. Les Français durent opérer une retraite qui ne fut pas exempte de confusion. Heureusement les coalisés, très éprouvés aussi, et comme nous harassés, ne nous poursuivirent point. En définitive, après Novi, ainsi qu'après la Trebbia, nous conservâmes uniquement Gênes et le littoral jusqu'au Var.

Dans cette campagne si malheureuse de 1799, nos soldats d'Italie montrèrent constamment un brillant courage, fait d'élan à la fois et de ténacité. Moreau mérite d'être associé à leur gloire. On ne saurait le rendre responsable des défaites de Magnano, de Cassano et de Novi. Dans ces trois rencontres, il ne commandait pas en chef (1), il n'était pas maître des moyens à employer. Scherer, tout en le consultant, ne tenait pas assez compte de ses avis. A Novi, nous avions le désavantage du nombre. Le Directoire et Joubert en étaient cause. En effet, après la

(1) Sur les champs de bataille de Cassano et de Novi, il finit bien par prendre la direction, mais trop tard, quand déjà, par des fautes qui n'étaient pas les siennes, la situation était perdue sans remède.

bataille de la Trebbia, Souwarow, par ordre formel du Conseil aulique, avait dispersé son monde, avait envoyé Mélas et Kray loin de lui, sur des points différents ; le but était d'assiéger à la fois le plus de places possible dans la Haute-Italie. L'occasion était bonne alors, au mois de juillet, pour attaquer les corps isolés de l'ennemi avec toute l'armée française réorganisée et renforcée. Moreau et ses soldats brûlaient de combattre. Le Directoire leur intima l'ordre d'attendre Joubert. Celui-ci vint un mois trop tard. Déjà, lorsqu'il prit possession du commandement, les coalisés avaient fait capituler Alexandrie et Mantoue, Kray et Souwarow étaient derechef réunis, le baron de Mélas approchait. Ainsi on dut lutter, avec une notable infériorité numérique, non plus contre des fractions d'une armée disloquée, mais contre les masses d'une armée concentrée à nouveau. La défaite, dans ces conditions, devenait probable. Quand elle se fut produite, Moreau, comme après Cassano, rallia les vaincus avec sang-froid et habileté. Il empêcha Souwarow de profiter complètement de la victoire. C'était tout ce qu'on pouvait demander.

Nous nous permettrons quelques réserves seulement sur son rôle à la Trebbia. Avant cette bataille, il eut, nous le répétons, le tort grave de ne pas aller diriger en personne l'armée de Naples. Peut-être,une fois l'action engagée, pécha-t-il par un excès de prudente lenteur. Cependant, on n'a pas prouvé qu'il lui fût possible d'agir plus vite. Ecartons, si l'on veut, comme peu fondée, l'accusation de jalousie entre lui et Macdonald. Une chose certaine, c'est que finalement les troupes de son collègue furent sauvées, grâce à son concours, d'une destruction complète.

Au-dessus de tout éloge est, de l'aveu unanime, la belle retraite accomplie, entre les combats de Cassano et de la Trebbia, derrière le Pô d'abord, puis vers l'Apennin, par vingt mille soldats plusieurs fois battus, en butte à l'hostilité des populations, suivis de quatre-vingt-dix mille vainqueurs prêts à les anéantir. Jamais général, plus que Moreau, en ces terribles conjonctures, ne déploya de calme et de vigilance, d'habileté et de vigueur. Il se montra alors grand capitaine dans toute l'acception du mot, plus grand qu'en 1796, dans la fameuse retraite d'Allemagne où les difficultés et les obstacles étaient bien moindres, où il commandait une armée de soixante mille hommes victorieux. Telle est l'opinion des historiens militaires les plus compétents. Ils l'ont surnommé le *Fabius français*, pour avoir ainsi opiniâtrement disputé, en 1799, quelques lieues de terrain, que tout le monde en Europe croyait ne plus devoir coûter que des marches aux Austro-Russes. Moins juste était, après la retraite sur le Danube, la comparaison avec Xénophon. Et cependant l'opération de 1799 a été bien moins vantée. « Tant les hasards des passions, dit Thiers, influent sur les jugements des contemporains ! » Et même, ajouterons-nous, sur ceux de la postérité !

Lorsqu'après Novi Moreau revint en France, la situation de la République était tout à fait compromise. Siéyès, alors membre du Directoire, ne voyait qu'un moyen de la sauver : renverser, avec la Constitution de l'an III, le gouvernement dont il faisait lui-même partie. Une révolution lui paraissait urgente pour mettre fin à l'anarchie, à la désorganisation administrative et sociale, fruit d'un mauvais système politique. Dans le Directoire, Roger-Ducos suivait Siéyès, il était l'*ombre* de Siéyès. Deux de leurs collègues, Gohier et Moulins, *patriotes* rigides mais bornés, s'obstinaient au contraire à étayer l'édifice vermoulu de la Constitution. Barras ne pouvait qu'être le partisan de l'état actuel, car plus que personne il en profitait. Mais comment compter pour une action énergique sur ce sceptique jouisseur, chef de la bande des *Pourris*? Une foule de députés des deux Conseils, mais surtout des Anciens, l'immense majorité de la nation, fatigués et dégoûtés, pensaient absolument comme Siéyès, avaient soif d'ordre et de stabilité.

Pour changer le régime de la France, il fallait une épée. Siéyès la cherchait. Mais où la trouver ? Hoche était mort. De même Joubert, un instant l'espoir des mécontents.

Jourdan, déjà malheureux sur le Rhin en 1796, venait encore de subir, en mars 1799, la défaite de Stockach. Personne ne regardait Masséna comme un homme politique. Augereau n'était qu'un démagogue turbulent. Bernadotte manquait, croyait-on, de capacité et de sagesse. Bonaparte, Kléber, Desaix guerroyaient au loin, en Egypte. Les novateurs jetèrent les yeux sur Moreau. Ils n'étaient pas toutefois sans ressentir quelque inquiétude ; la faiblesse notoire de son caractère risquait de tout faire échouer. N'importe ! Ils lui offrirent le pouvoir, le sollicitèrent d'organiser un gouvernement moins divisé, plus vigoureux. Moreau s'empressa de décliner ces flatteuses ouvertures. Les affaires lui semblaient trop embrouillées ; il n'osait pas assumer la lourde responsabilité d'un coup d'Etat ; il n'était pas de taille, il le savait bien, à pacifier le pays en domptant la fureur des partis déchaînés.

Un de ses apologistes constate cette inaptitude en termes d'une solennelle éloquence, que nous nous plaisons à reproduire ici.

« Cette force de caractère qu'il faut conserver pour dominer, après les orages d'une révolution, tous les hommes, toutes les passions et tous les partis ; ce rare discernement si nécessaire pour éviter les écueils qui entourent une puissance naissante, pour classer les hommes en telle sorte qu'on puisse employer utilement jusqu'aux mécontents eux-mêmes, et jusqu'à d'anciens ennemis ; ce génie enfin, qui voit, règle, pourvoit, conduit la masse, distribue les détails, s'occupe à la fois des dangers et des institutions, des personnes et des choses, de la prospérité des gouvernés et du salut du gouvernant ; toutes ces qualités dont l'assemblage est si précieux, Moreau l'avouait sans rougir, il ne se les était pas reconnues » (1).

Ambitieux dépourvu d'audace, toujours prêt à reculer quand surgissait l'occasion d'atteindre son but, le général regretta bientôt amèrement d'avoir cédé le pas à un rival.

(1) Bellart, cité dans l'*Histoire du général Moreau*, par Châteauneuf. Ce livre de Châteauneuf, écrit en 1814, est l'œuvre d'un royaliste sans critique ni impartialité.

Pas tout de suite cependant. Pour le coup d'Etat du 18 Brumaire, il se laissa facilement gagner aux caresses et aux séductions de Bonaparte. Comme tant d'autres il subit alors l'ascendant d'un génie supérieur. Pouvait-il en être différemment ? D'où lui seraient venus des motifs d'opposition ? Les patriotes, contre qui se faisait la révolution, lui témoignaient de l'hostilité, le suspectaient depuis longtemps. Siéyès et les modérés, les fauteurs et les complices de cette même révolution, le favorisaient, s'étaient adressés à lui avant de se tourner vers le vainqueur d'Italie et d'Égypte. Tous les généraux, presque tous, s'attachaient d'ailleurs à la fortune de ce dernier. Seuls parmi les illustres boudaient Bernadotte par jalousie, Jourdan et Augereau par jacobinisme.

Moreau connut un des premiers les projets de Bonaparte ; sans trop s'avancer, il seconda néanmoins les préparatifs des conspirateurs. Lucien Bonaparte l'atteste dans ses Mémoires(1).

---

(1) Iung. — *Mémoires de Lucien Bonaparte*, t. I, p. 286.

Peu avant le 18 Brumaire, raconte Barras, Moreau et Bernadotte, en présence d'un grand nombre de témoins, se serrèrent un jour la main, en jurant de « résister au déserteur de l'armée d'Égypte ». Mais, deux jours après cette scène, Bonaparte et Moreau dînaient chez Barras, et celui-ci « se divertit à voir le rôle de fausseté qu'ils jouaient tous les deux à l'égard l'un de l'autre » (1).

Soit. Moreau jouait donc double jeu. Qui trompait-il ? L'événement l'a démontré, ses dupes étaient les patriotes, les jacobins.

Il a d'ailleurs, plus tard, fait valoir lui-même les services rendus à cette époque. Au cours de son procès en 1804, il écrivit au Premier Consul : « Sûrement vous n'avez pas oublié le désintéressement que je mis à vous seconder au 18 Brumaire » (2). Son avocat, M. Bonnet, renchérit encore et s'exprima comme suit devant le tribunal : « Moreau était

(1) Barras. — *Mémoires*, t. IV, chapitre Ier, p. 48 et 49.
(2) Interrogatoire du général Moreau, p. 19, Imprimerie impériale, prairial an XII.

en conférence avec l'un des Directeurs, lorsqu'on apprit la nouvelle prospère de l'arrivée de Bonaparte à Fréjus. A cette arrivée, le premier mot du général Moreau est ce mot-ci, qu'il vous répète depuis le commencement de ce procès : « Voilà l'homme qu'il faut à la France pour la sauver » (1).

Bonaparte, le jour même du 18 Brumaire, donna à Moreau, qui l'accepta sans objection, un singulier et peu honorable rôle d'agent de police, et le chargea d'aller avec cinq cents hommes garder le Luxembourg, bloquer étroitement dans ce palais Gohier et le général Moulins, les deux Directeurs restés fidèles à la Constitution.

« Moreau remplit avec docilité ses humiliantes fonctions ; il a annoncé lui-même à Moulins l'ordre qu'il a reçu de le garder à vue dans ses appartements. Moulins lui a répondu avec l'accent du dédain : « Quoi,

---

(1) *Recueil des discours prononcés par les défenseurs devant la Cour criminelle, dans le procès Georges, Pichegru et autres*, t. I, p. 467.

c'est vous, général, qui faites les fonctions d'un gendarme ? » Moulins lui indique de la main son antichambre, et ajoute en le toisant de haut en bas : « Restez là ! » Moreau ne réplique pas et obéit. — Gohier traite le général avec encore plus de mépris et refuse de le voir. Quelques jours après, l'ex-Directeur rencontre dans un cercle le général Moreau et ne lui épargne ni sarcasmes ni outrages ; il s'approche de lui et, en touchant du doigt le pommeau de son épée, il dit devant quinze personnes : « Général Moreau, il manque là un trousseau de clefs » (1).

Gohier écrit ensuite dans ses Mémoires : « Il faut convenir que le général Moreau remplit parfaitement les étranges fonctions dont il se trouva chargé » (2).

Moreau, certes, regretta bientôt sa collaboration avec Bonaparte (3) ; il sentit, trop tard,

---

(1) *Souvenirs du comte de Montgaillard*, publiés d'après des documents inédits, par Clément de Lacroix, Paris, Paul Ollendorff, 1895.

(2) Gohier. — *Memoires*, t. I, p. 261.

(3) A en croire Bernadotte et Barras, le repentir vint

l'indignité de son propre rôle dans le coup d'État ; surtout il fut jaloux de la prodigieuse fortune élevée avec son concours. Tout cela, on ne saurait le nier en aucune façon. On ne s'en étonnera pas davantage, si l'on réfléchit au caractère inconsistant de l'homme (1), à la médiocrité de ses sentiments.

---

très vite, dès la fin de la journée du 18 Brumaire. Moreau aurait fait dès lors au premier de ces personnages des ouvertures en vue d'arrêter ensemble la dictature imminente de Bonaparte. Bernadotte, en vrai Gascon, aurait répondu : « J'ai donné ma parole d'honneur de ne rien entreprendre comme citoyen, mais je suis libre d'agir, si l'autorité publique m'en requiert. Que Moreau sorte du Luxembourg à la tête de son détachement, qu'il me somme, au nom du bien public, de faire cause commune avec lui pour défendre la liberté et la Constitution ; aussitôt je monterai à cheval avec mes aides de camp, je me mettrai sous le commandement de Moreau, je parlerai aux troupes et je ferai immédiatement arrêter et juger Bonaparte comme déserteur de l'armée d'Egypte et comme violateur de la Constitution. » A Gascon, Gascon et demi. Moreau « enchaîné par les lois de la discipline militaire, d'après lesquelles il était sous les ordres du général Bonaparte, ne fit pas ce que proposait Bernadotte ; et celui-ci, de son côté, ne se crut pas libre d'aller au Luxembourg ». Ainsi finit le récit de Bernadotte lui-même, rapporté dans les Mémoires de Barras (t. IV, ch. I, p. 84 et 85).

(1) « C'est un sable mouvant », disait Napoléon.

Peut-être, en s'associant à la révolution de Brumaire, pensait-il travailler à son propre avenir. Chef de l'État, Bonaparte n'allait-il pas être confiné désormais dans le gouvernement civil, contraint de renoncer au commandement effectif des armées ? Et alors, le principal rôle militaire appartiendrait de droit à l'émule de gloire du Premier Consul. Couvert de nouveaux lauriers, Moreau, une fois Bonaparte sorti d'une magistrature restée élective, briguerait à son tour, en des temps moins troublés, la plus haute charge de la République ; les meilleures chances de succès accompagneraient sa candidature. Marengo et le Consulat à vie coupèrent court à ces illusions. Tout aussitôt, éternel mécontent, il se remit à comploter, cette fois contre Bonaparte, comme précédemment, avant le 18 Fructidor et au 18 Brumaire, il avait fait contre le Directoire.

CHAPITRE V

MOREAU PREND POSSESSION DE SON COMMANDEMENT EN ALLEMAGNE. — DÉSACCORD AVEC LE PREMIER CONSUL. CAMPAGNE D'ÉTÉ CONTRE KRAY. — CAMPAGNE D'HIVER CONTRE L'ARCHIDUC JEAN. — BATAILLE DE HOHENLINDEN (3 DÉCEMBRE 1800).

A peine monté au pouvoir, le Premier Consul écrivit à l'empereur et au roi d'Angleterre pour leur proposer la paix au nom de l'humanité. Cette démarche fut accueillie avec une froideur dédaigneuse à Londres et à Vienne. Bientôt les hostilités reprirent en Italie et en Allemagne.

Dans la péninsule, Masséna ne tarda pas à être refoulé sur Gênes où les Autrichiens et les Anglais l'assiégèrent par terre et par mer. Sur le Rhin, Moreau, avec 130.000 hommes environ, se trouva en face de Kray et de

150.000 Autrichiens. Comme d'ordinaire, la cavalerie autrichienne valait mieux que la cavalerie française ; pour l'infanterie, c'était l'inverse.

L'opinion n'avait pas rendu pleine justice à Moreau après l'admirable campagne de 1799. Il conquit en 1800 tous les suffrages par une campagne plus belle encore et surtout plus heureuse. De nouveau, il se montra bien supérieur à ce qu'il avait été en 1796. Son chef d'état-major fut, en 1800, Dessoles, officier d'un mérite éminent, tacticien moins consommé que le commandant en chef, mais plus habile stratégiste, formé en Italie à l'école de Bonaparte. Les deux généraux chargés de la direction de l'armée du Rhin se complétaient l'un l'autre, et leur étroite collaboration produisit les plus brillants résultats.

Tout d'abord, le Premier Consul avait songé à se mettre en personne à la tête de cette armée, et à y conserver Moreau comme second. Mandé à Paris, Dessoles parvint, non sans peine, à l'en dissuader. Bonaparte n'osa pas cependant se brouiller avec un rival qui avait de nombreux partisans dans le monde militaire. Pour ne pas demeurer inactif, il résolut de créer une armée de réserve et de la commander directement. Portée sur les Alpes, elle manœuvrerait ensuite selon les circonstances. Ses mouvements ultérieurs seraient subordonnés aux opérations de Moreau. Celui-ci reçut la mission de rejeter Kray au loin, du haut Rhin sur le haut Danube, afin de l'écarter des Alpes. S'il y réussissait, Bonaparte, sans la moindre inquiétude pour ses propres communications, franchirait les montagnes et tomberait, avec l'armée de réserve, dans la vallée du Pô, sur les derrières du baron de Mélas occupé à bloquer Masséna dans Gênes. Dans le cas contraire, le Premier Consul volerait au secours de Moreau, et alors son rang lui donnerait tout naturellement la conduite de la guerre en Allemagne.

La première alternative se produisit. Kray fut repoussé sur le haut Danube, le col du Grand Saint-Bernard fut franchi, Mélas éprouva un désastre retentissant à Marengo.

Ainsi, favoriser par une diversion le mouvement tournant de l'armée de réserve en Italie, telle fut au printemps de 1800 la destination de l'armée du Rhin. Même, après ses premiers succès en Allemagne, Moreau renforça les Français dans la péninsule par un détachement de quinze à seize mille hommes. Il ne le fit pas d'ailleurs de plein gré. Le ministre de la guerre Carnot vint presser et surveiller le départ de ce secours, dont Bonaparte avait le plus grand besoin.

Voyons maintenant le détail des opérations contre Kray.

Maîtres de la Suisse, les Français s'étendaient en outre sur la rive gauche du Rhin, de Strasbourg au lac de Constance. Les places de Strasbourg, Landau, Mayence leur appartenaient, ainsi que les têtes de pont de Castel, Kehl, Brisach et Bâle.

Les Autrichiens, sur la rive droite, occupaient l'intérieur de l'angle tracé dans cette région par le fleuve et dont Bâle est le sommet. Ils tenaient les défilés de la Forêt-Noire, et le pays accidenté compris entre le Danube supérieur d'une part, Schaffouse et les villes forestières d'autre part. Par leur extrême gauche ils débordaient jusqu'aux Grisons.

L'armée de Moreau se divisait en quatre corps, trop isolés, trop indépendants les uns des autres : celui de Lecourbe à droite, du lac de Constance à Schaffouse ; celui de Gouvion Saint-Cyr au centre, à Brisach ; celui de Sainte-Suzanne sur la gauche, à Strasbourg et à Kehl ; enfin, à Bâle, la réserve commandée par Moreau en personne. Le généralissime commettait une faute en se chargeant ainsi d'un commandement particulier.

Kray avait disposé le gros de ses forces sur le haut Danube, à Donaueschingen et à Villingen, point de jonction des routes qui mènent vers ce fleuve par la Forêt-Noire. Starray restait en observation entre Mayence et Rastadt. Kienmayer gardait le débouché de Strasbourg et de Kehl par la vallée de la Kintzig. Giulay, du Val d'Enfer, surveillait Brisach et la vallée de la Dreisam. A la gauche autrichienne trois corps s'échelonnaient : l'archiduc Ferdinand bordait le Rhin le long des villes forestières, entre Bâle et Schaffouse ;

plus à l'est, le prince Joseph de Lorraine occupait Stockach, et le prince de Reuss s'étendait dans le Rheinthal depuis le lac de Constance jusqu'aux Grisons.

Bonaparte conçut pour Moreau un plan audacieux : concentrer rapidement toute l'armée française, et, tandis que de fausses démonstrations tromperaient l'ennemi, la transporter tout entière sur la rive droite entre Schaffouse et Constance. Arrivé ainsi subitement, en masse, au point stratégique décisif, on se jetterait brusquement sur le flanc gauche de Kray, sans lui laisser le temps de rassembler ses corps dispersés, on le déborderait, on le couperait de Munich et de Vienne, on l'anéantirait entre les cours supérieurs du Rhin et du Danube.

L'Empereur, en 1805, tomba de la sorte lui-même, avec célérité et vigueur, sur le flanc droit de Mack ; celui-ci très vite se trouva enfermé dans Ulm comme dans une souricière. Des colonnes sorties de Strasbourg feignirent, au début de la 3e coalition, de menacer la Forêt-Noire ; elles attirèrent de ce côté l'attention des Autrichiens. Pendant ce temps, la Grande Armée, accourue de Boulogne à marches forcées, pénétrait en Allemagne par Mayence, Manheim et Spire; elle gagnait, par une prompte conversion, le Main à Wurtzbourg, puis le Danube à Donauwerth. L'infortuné Mack enveloppé, refoulé dans Ulm, ne tardait pas à y capituler avec toute son armée.

Il y avait dans un tel plan, si hardi, si en dehors des voies communes, de quoi effrayer un esprit timoré, froid et méthodique comme Moreau. La stratégie grandiose d'un Napoléon n'était pas faite pour lui. Le Premier Consul n'insista pas, il le laissa agir à sa guise. Le passage du Rhin eut lieu plus lentement, sur plusieurs points à la fois et à d'assez grandes distances. L'opération réussit bien d'ailleurs, grâce surtout aux mauvaises mesures de Kray qui, cette fois, manqua de clairvoyance.

A la fin d'avril, le fleuve fut traversé en même temps à Strasbourg par Sainte-Suzanne avec l'aile gauche, à Brisach par Saint-

Cyr avec le centre, et à Bâle par Moreau avec la réserve. Sainte-Suzanne et Saint-Cyr firent semblant de menacer la Forêt-Noire, l'un par la Kintzig, l'autre par la Dreisam et le Val d'Enfer. C'étaient là les deux routes les plus directes vers le Danube. Aussi Kray, abusé, se hâta d'affaiblir sa gauche pour renforcer sa droite opposée à Sainte-Suzanne et à Saint-Cyr. Alors ces deux généraux français se livrèrent à des mouvements compliqués. Subitement, le premier revint sur la rive gauche et la remonta jusqu'à Brisach. Ainsi, couvert par le fleuve, il évitait de trop prêter le flanc. A Brisach, il se reporta sur la rive droite, pour remplacer à Fribourg, devant le Val d'Enfer, Saint-Cyr qui sur cette rive put longer le Rhin et rejoindre Moreau près de Bâle. Saint-Cyr et Moreau réunis sur la rive droite, Lecourbe, le dernier de nos chefs de corps, transporta le 1er mai ses troupes au-delà du Rhin par Schaffouse, et parvint à se lier avec ses deux collègues les plus rapprochés. Seul, Sainte-Suzanne restait isolé. Sa mission consistait à retenir quelque temps par sa présence la droite ennemie loin du théâtre véritable des hostilités, puis, le moment venu, à la suivre par le Val d'Enfer pour se mettre, lui aussi, en ligne sur le Danube. En attendant, Kray avait à subir le choc de trois des corps de l'armée de Moreau concentrés, et ses effectifs sur le point décisif étaient très diminuées par l'envoi intempestif de renforts à droite, par l'absence aussi du prince de Reuss immobilisé dans le Vorarlberg.

Toutefois le généralissime autrichien possédait de prime abord l'avantage d'une position centrale, dans l'angle formé par le Rhin. Au moment où les corps français, encore séparés, effectuaient pour se réunir de dangereuses marches de flanc, il lui eût été facile d'en écraser un avec des forces supérieures. Mais il ne pénétra pas alors le dessein de Moreau.

Dès le 3 mai, il fut attaqué, bien avant d'avoir rallié ses grands détachements. L'actif Lecourbe enleva Stockach à droite ; Moreau lui-même gagna au centre la bataille d'Engen. Refoulé vers le Danube, Kray se fit encore battre à Moeskirch le 5 mai. Dans ces rencontres, Moreau manifesta sur le terrain autant de vigueur que de jugement. Néanmoins la supériorité du plan de Bonaparte éclata dès lors avec une pleine évidence, en même temps que les inconvénients du plan adopté par le général en chef de l'armée du Rhin. Non seulement le corps de Sainte-Suzanne, demeuré en arrière, ne put être utilisé pour l'action, mais Saint-Cyr en outre se sentit paralysé par la nécessité de maintenir les communications avec Sainte-Suzanne.

Le 6 mai, Kray résolut de se replier sur la rive gauche du Danube. Avec une hâte maladroite, il accumula ses troupes dans un renfoncement du fleuve à Sigmaringen. Saint-Cyr, le plus rapproché des Autrichiens, demanda à combattre immédiatement, se faisant fort de les culbuter dans la rivière. Moreau refusa. Lui et son état-major reprochaient à ce général d'être resté volontairement inactif à Moeskirch. Ils l'accusaient de les avoir abandonnés par jalousie, pour amoindrir leur succès, et de chercher maintenant à s'assurer une part prépondérante dans une nouvelle défaite de l'ennemi. Saint Cyr n'était pas aimé de ses camarades. « On l'a vu souvent tenir ses troupes au repos, dit Marbot, tandis que, auprès de lui, d'autres divisions étaient écrasées ; il marchait alors, et profitant de la lassitude des ennemis, il les battait et paraissait ainsi avoir remporté seul la victoire. » A Moeskirch toutefois, son inaction se justifie ; nous l'avons expliquée plus haut.

Le désaccord des généraux français permit à Kray d'arriver, sans encombres, sur la rive gauche. A ce moment, Kienmayer et Starray le rejoignaient enfin. De son côté, Sainte-Suzanne paraissait à la hauteur des trois autres corps de notre armée, mais séparé d'eux par le fleuve.

Pour sauver les magasins de Biberach, le généralissime autrichien repassa inopinément sur la rive droite. Il ne réussit qu'à être de nouveau vaincu, à Biberach même par Saint-Cyr, et à Memmingen par Lecourbe. Dès lors il se retira décidément sur Ulm avec toute son armée.

Saint-Cyr proposa d'enlever de vive force le camp d'Ulm. Tel était aussi l'avis du fougueux Ney, de l'intelligent et brave Richepanse. Si la tentative aboutissait, on jetait les Autrichiens dans le Danube, et la campagne était terminée. Moreau n'osa pas courir les chances de l'entreprise. Il préféra marcher sur le Lech. Par là, il espérait inquiéter Kray pour ses communications et le détacher de la forteresse d'Ulm. Cet espoir eût été fondé, mais à la condition de pousser plus loin, non seulement jusqu'à Augsbourg et au Lech, mais jusqu'à Munich et à l'Isar. Malheureusement les grands mouvements stratégiques n'étaient pas le fait de Moreau. Il se contenta donc de menacer Augsbourg. Son adversaire ne bougea pas, si ce n'est pour tâcher de profiter de l'étendue exagérée de la ligne française, et tenter, en conservant Ulm comme base, d'écraser Sainte-Suzanne, toujours seul au nord du Danube.

Après diverses manœuvres, Moreau prit enfin position parallèlement au grand fleuve, de l'Iller à la Guntz, avec arrière-garde à

Augsbourg. Il attendit ainsi les nouvelles d'Italie (fin mai).

La mésintelligence s'accrut entre le général en chef et Saint-Cyr. Celui-ci, tacticien de premier ordre, toujours calme et impassible, même dans l'extrême péril, était détesté, nous l'avons vu, pour son égoïsme, pour son caractère jaloux et insociable. Il se retira, entraînant Sainte-Suzanne dans sa retraite. On les remplaça par Grenier et par Richepanse.

Les rivalités incessantes, les brouilles entre généraux et officiers étaient, à l'armée du Rhin, la conséquence fâcheuse de la faiblesse du commandant en chef, incapable de dominer ses subordonnés, de les plier à l'obéissance, comme de résister à l'esprit de coterie qui animait son entourage immédiat.

Au milieu de juin seulement, Moreau se décida à sortir de nouveau de ses positions. Subitement enhardi, il franchit le Danube au-dessous d'Ulm. C'était couper cette fois la retraite à Kray qui, pour défendre ses communications, s'avança hors de la place, et livra, le 19 juin, une bataille à Hochstedt. Le général autrichien la perdit. Alors, forcé de maintenir quand même ses relations avec Vienne, il abandonna définitivement Ulm. Par un temps affreux, il dut, pour nous échapper, faire un long détour au Nord-Est, s'acheminer sur Neresheim et Nordlingen. Moreau le poursuivit, mais sans l'atteindre. Les Français revinrent bientôt sur leurs pas, et, par Donauwerth, regagnèrent la rive droite, avec l'intention manifeste de profiter du mouvement excentrique de l'ennemi pour se hâter eux-mêmes sur la route de Munich et de Vienne. Kray ne voulait pas découvrir la capitale de l'Autriche. Rétrogradant à son tour vers le Sud, il réussit, par une marche forcée, à traverser le fleuve un peu plus bas que notre armée, à Neubourg. On se heurta près de cette localité dans un nouvel engagement, sans aucun résultat d'ailleurs. Là périt, frappé par la lance d'un hulan, La Tour d'Auvergne, *le premier grenadier de France.* Son cœur, renfermé dans une urne d'argent, fut confié au plus ancien sergent de la demi-brigade. A l'appel, son nom continuait d'être prononcé, et chaque fois le sergent chargé de l'urne répondait : Mort au champ d'honneur !

Après toutes ces manœuvres exécutées de part et d'autre, Moreau, au commencement de juillet, occupait la Bavière, bloquait Ulm et Ingolstadt, tenait Munich et la ligne de l'Isar. En face, Kray était maître du cours de l'Inn. Afin de dégager les derrières de l'armée française vers l'extrême droite, Lecourbe, renommé pour son habileté dans la guerre de montagnes, enleva au prince de Reuss, toujours posté dans les Grisons et le Tyrol, les villes de Füssen et de Feldkirch avec tout le pays accidenté compris entre l'Ill et les sources de l'Isar.

Le 15 juillet, l'armistice de Parsdorf fut signé en Allemagne, juste un mois après la convention d'Alexandrie, conclue en Italie entre Bonaparte et Mélas au lendemain de la victoire de Marengo.

Pendant l'été de 1800, la péninsule avait été le théâtre le plus important des hostilités. Les succès remportés sur Kray en Allemagne, en écartant vers le Nord une des deux armées autrichiennes, avaient permis à Bonaparte de traverser le col du Grand Saint-Bernard, de tourner et de battre Mélas dans la plaine du Pô. Pour réduire la Cour de Vienne,une dernière campagne était nécessaire. Au cours de cette campagne, dans l'hiver de 1800, les coups décisifs furent portés sur le Danube : Hohenlinden vint compléter glorieusement Marengo.

Etabli sur l'Isar, Moreau avait à forcer la ligne redoutable de l'Inn, occupée solidement par les Impériaux. Profonde et impétueuse, la rivière d'Inn coule très large dans son cours inférieur, au milieu d'un pays boisé et marécageux; des rochers inaccessibles encaissent le lit supérieur. La partie moyenne, commandée par les places de Kufstein et de Braunau, était en outre couverte d'une barrière de retranchements construits pour la circonstance. Aux deux extrémités de la vallée se dressent aussi deux bastions naturels au Nord et au Sud, la Bohême et le Tyrol, menace contre les flancs de l'envahisseur prêt à aborder la rivière de front.

Pour les Français l'offensive était donc difficile. Par contre, ils possédaient, comme leurs adversaires, une excellente situation défensive. En vue d'obtenir la prolongation de l'armistice, on leur avait déjà remis les forteresses d'Ingolstadt, Ulm et Philippsbourg. Munich se trouvait entre leurs mains. En avant de cette ville et de l'Isar, l'ennemi leur avait abandonné le plateau élevé de Hohenlinden. Ce plateau, qui conduit de l'Isar à l'Inn, est raviné, boisé, marécageux, traversé de ruisseaux fangeux ; il n'offre qu'un petit nombre de chemins praticables.

La question était de savoir lequel des belligérants sortirait de ses lignes pour attaquer. Moreau venait de passer six semaines à Paris où il avait contracté un mariage dont l'influence, nous le verrons, fut malheureuse sur le reste de sa vie. En son absence, son chef d'état-major Dessoles avait activement préparé la reprise des opérations. A l'expiration de l'armistice, Dessoles proposa au généralissime de provoquer les Autrichiens, de les attirer hors de leurs inexpugnables retranchements vers le plateau de Hohenlinden. Là, au milieu de marais et de sombres forêts de sapins, toutes les dispositions avaient été arrêtées pour les combattre avec de sérieuses chances de victoire. Ce plan fut goûté, comme il devait l'être, par le sage et prudent Moreau.

Mais comment l'ennemi s'y prêta-t-il ? Kray, rendu responsable des revers précédents, avait été rappelé par le cabinet de Vienne. Pour lui succéder, l'armée et la nation autrichiennes réclamaient d'un vœu unanime le vainqueur de Wurtzbourg et de Stockach, l'archiduc Charles, que de basses intrigues retenaient éloigné du commandement. Le Conseil aulique préféra un frère de ce prince, l'archiduc Jean, un tout jeune homme, âgé de 19 ans à peine. Celui-ci ne manquait ni d'intelligence, ni d'instruction ; il était brave ; mais, absolument dépourvu d'expérience, il se croyait, avec une naïveté présomptueuse, capable d'imiter les hardies manœuvres accomplies si heureusement par Bonaparte en Italie. Cette illusion le perdit.

Un tel général, convaincu à ce point de la

supériorité d'une prompte initiative, n'avait pas besoin, on le comprend, de beaucoup d'excitations pour quitter ses retranchements, suivant le désir de Moreau et de Dessoles. Le plan offensif de l'état-major autrichien fut d'ailleurs bien conçu. Mais la réalisation en fut à peine commencée ; dès la première marche, un autre fut adopté, dont les fautes d'exécution demeurent au-dessous de toute critique.

Les deux armées se remirent en mouvement à partir des 27 et 28 novembre. L'armée impériale s'ébranla des bords de l'Inn, pour se porter par sa propre droite sur l'Isar, passer cette rivière vers Landshut, et tourner ainsi la gauche française. Elle comptait, une fois parvenue au-delà de l'Isar, en remonter rapidement le cours, et s'établir sur les hauteurs en arrière de Munich. De la sorte, menacé d'être coupé, Moreau n'aurait d'autre ressource que de reculer précipitamment sur le Lech, si toutefois, il y réussissait. De son côté, sans doute, l'archiduc, en cas de défaite, ne pouvait plus se retirer par l'Inn, mais la route de Ratisbonne et de la Bohême lui restait ouverte. Encore eut-il le tort de négliger les moyens de bien s'assurer cette base éventuelle d'opérations.

D'ailleurs, et ici surtout éclate son imprévoyance, il ne persista pas longtemps dans son dessein de s'avancer sur Landshut. Il n'avait pas calculé les obstacles d'une marche ainsi tentée, dans la mauvaise saison, par des chemins difficiles que des pluies torrentielles avaient changés en fondrières. Découragé, il s'arrêta net dès le 30 novembre, et se rabattit brusquement vers le Sud, sur les routes directes de Munich à travers le plateau de Hohenlinden. Il allait courir les chances d'une attaque de front contre l'armée française en état de défensive.

Sans rien connaître des intentions de son adversaire, Moreau, par des démonstrations vers l'Inn, cherchait précisément à l'attirer sur le plateau, où des arrangements étaient combinés pour repousser victorieusement toute agression.

On a reproché avec raison au généralissime français d'avoir laissé à de trop grandes distances, sur sa gauche et sur sa droite, deux de ses corps, l'un au Danube, l'autre avec Lecourbe près du Tyrol. Il lui fut, en effet, impossible de les rappeler à temps; aucun des deux ne participa à l'action décisive de la campagne.

Voici comment il distribua les troupes réunies sous sa main.

Deux grandes routes mènent de l'Inn à l'Isar, sur le plateau boisé de Hohenlinden : au nord, par Hohenlinden même, celle de Mühldorf à Munich ; au sud, par Ebersberg, celle de Wasserbourg à Munich. Grenier et Ney, son principal lieutenant, tinrent la première avec l'aile gauche française. Moreau lui-même occupa la seconde avec le centre ; sous ses ordres directs se trouvaient Richepanse et Decaen (1). Toutefois, pour soutenir la gauche, un peu faible et trop aventurée, la division Grandjean fut détachée du centre.

---

(1) Nous l'avons dit, la droite, sous Lecourbe, resta éloignée du champ de bataille.

Heureusement, car cette aile allait être surtout exposée aux coups de l'ennemi, dévié de sa direction première et en marche sur Hohenlinden.

Le 1er décembre, à Ampfing, l'archiduc Jean livra un vif combat à Grenier ; celui-ci ne dut son salut qu'à la valeur de Ney et à l'appui de la division Grandjean. L'armée française recula aussitôt sur les deux routes, jusqu'au milieu de la forêt.

S'exagérant son succès, l'archiduc perdit la journée du 2 et ne renouvela son attaque que le 3. Son armée formait quatre colonnes. La colonne principale, sous les ordres de Kollowrath, suivait la grande route du Nord, celle de Mühldorf à Hohenlinden. L'archiduc s'y trouvait en personne. Deux autres corps, sous Baillet-Latour et Kienmayer, avaient pour objectifs, à la droite autrichienne, les villages de Preisendorf et de Harthofen. Enfin la gauche ennemie, commandée par Riesch, se dirigeait sur Saint-Christophe, par une voie intermédiaire, entre les deux grandes chaussées. Seule, la colonne la plus forte, en marche directement sur Hohenlinden, disposait ainsi d'une route parfaitement praticable. Les trois autres employaient des chemins forestiers en très mauvais état.

Le corps de Kollowrath de front, ceux de Baillet-Latour et de Kienmayer de flanc étaient destinés à accabler la gauche française vers Hohenlinden où la forêt s'éclaircit. Riesch flanquait Kollowrath pour le garder, à Saint-Christophe, contre notre centre laissé sur la grande route du Sud, celle de Wasserbourg à Ebersberg.

Après les pluies violentes des jours précédents, la neige tombait à gros flocons dès le matin du 3 décembre, date de la bataille décisive. Comme plus tard à Eylau, les soldats des deux armées en étaient aveuglés ; à peine voyaient-ils à quelques pas devant eux.

Favorisés par le bon état de la route, l'archiduc et Kollowrath arrivèrent les premiers, bien avant leurs collègues qui étaient contraints de se traîner péniblement par des chemins horribles. Leur tête de colonne déboucha, en face des divisions Ney et Grandjean, près du village de Hohenlinden, d'un défilé situé dans la forêt entre ce village et celui de Mattenboett.

Cependant, la neige ayant cessé un instant, on apercevait déjà, à notre extrême gauche, les troupes de Baillet-Latour, puis celles de Kienmayer, prêtes à fondre sur nous à Preisendorf et à Harthofen. Les généraux Bastoul et Legrand, sous les ordres de Grenier, se préparèrent à les recevoir, quoique avec des forces très insuffisantes.

Le moment était critique. Moreau, venu en personne du centre à la gauche, sur le point essentiel, observait le champ de bataille. Tout à coup, il remarque du flottement, de l'agitation au sein de la grande colonne ennemie, encore engagée en partie dans le défilé de la forêt. Que se passe-t-il donc ? Le généralissime français le devine aussitôt. Plein de prévoyance, il avait donné l'ordre à Richepanse et Decaen de quitter, avec le centre, la route méridionale du plateau, celle d'Ebersberg, pour gagner le plus promptement possible par Saint-Christophe la route septentrionale à Mattenboett. C'est ce mouvement qui s'est accompli ; c'est Richepanse qui se rabat sur les derrières des Autrichiens aux prises déjà avec Ney et Grandjean devant Hohenlinden. Entassés dans une gorge étroite, chargés en tête et en queue, ils vont être écrasés par les Français.

L'ordre de Moreau était conçu en termes un peu vagues, les détails d'exécution n'y étaient pas prévus (1). Richepanse sut néanmoins

---

(1) On a prétendu qu'au contraire les instructions de Moreau étaient on ne peut plus précises, plus formelles. Voir Tessier, *Hohenlinden et les premiers demêlés de Bonaparte et de Moreau*, d'après les Mémoires inédits du général Decaen (Revue historique, t. IX, mars-avril 1879). M. Tessier cite le texte des instructions remises à Decaen. Celui-ci reçoit l'ordre « d'envoyer sur Ebersberg *de très bonne heure* un détachement pour couvrir le débouché de Wasserbourg ». Lahorie, chef de l'état-major du centre, lui écrit : « Comme il est possible que le général Richepanse ne puisse pas déboucher par Saint-Christophe sur Mattenboett, il a ordre de prendre à gauche de ce point *un débouché* plus rapproché de Hohenlinden,..... mais il a ordre de faire d'abord tous ses efforts pour déboucher par Mattenboett ».

Les expressions *de très bonne heure*, *un débouché*, soulignées par nous, ne sont pas des indications d'une le comprendre et l'appliquer; aussi, en cette circonstance, partage-t-il à juste titre la gloire de son chef. Pour réussir dans une entreprise remplie de hasards et de périls, il déploya une vive intelligence, une bravoure, une audace extraordinaires; mais la fortune, on doit en convenir, le favorisa singulièrement.

Au moment où sa division, un peu allongée à cause du mauvais chemin, avait dépassé en partie seulement St-Christophe, elle fut coupée en deux tronçons par la tête de colonne de Riesch. Si celui-ci avait atteint St-Christophe une demi-heure plus tôt, la marche de Richepanse sur Mattenboett se trouvait arrêtée, l'archiduc et Kollowrath n'étaient pas pris à revers dans le défilé fatal.

Cependant l'intrépide lieutenant de Moreau pouvait hésiter. Pousserait-il en avant avec une seule de ses brigades, laissant l'autre, la brigade Drouet, exposée aux coups d'un

---

précision absolue. Et bien d'autres détails, qui auraient dû être prévus, furent abandonnés au hasard ou à l'inspiration des chefs secondaires.

ennemi supérieur en nombre ? Son indécision ne dura guère. Il le sentit, la manœuvre calculée par le général en chef était d'une importance capitale ; à tout prix, elle devait aboutir. D'ailleurs la division restante du centre, la division Decaen, suivait de près, elle allait bientôt dégager Drouet. Cette prévision se justifia et Riesch fut refoulé avec des pertes sérieuses.

Richepanse, à travers tous les obstacles, se hâte vers Mattenboett. Là il se précipite par derrière sur les masses de Kollowrath, tout effarées d'une attaque si imprévue. A l'autre extrémité du défilé, du côté de Hohenlinden, Moreau de front lance sans tarder dans une charge impétueuse contre les Autrichiens les vaillantes divisions Ney et Grandjean. Ney part avec sa fougue habituelle. Le désordre devient épouvantable dans la longue et étroite gorge. Pressées de toutes parts, les malheureuses troupes qui s'y étouffent sont saisies d'affolement, secouées d'une panique insurmontable ; elles se disloquent, et vainement cherchent à s'échapper par toutes les issues de la forêt. Les vainqueurs font sept à huit mille prisonniers, s'emparent des bagages et de toute l'artillerie (97 canons.) Comme jadis à Lens le grand Condé et le maréchal de Grammont, Ney et Richepanse se rencontrent sur le champ de bataille ; ils courent l'un vers l'autre et, ivres de joie, ils s'embrassent aux acclamations de leurs soldats ravis d'enthousiasme.

Pendant ce temps, Grenier, avec les divisions Bastoul et Legrand, avait eu beaucoup de peine à soutenir le choc de Baillet-Latour et de Kienmayer à Preisendorf et à Harthofen. Malgré le courage de ses troupes, il avait perdu d'abord du terrain. De nouveaux efforts lui rendirent l'avantage. D'ailleurs, après le désastre du défilé, l'archiduc enjoignit de battre en retraite sur toute la ligne. Kienmayer et Baillet, en se retirant, nous abandonnèrent des canons et des prisonniers.

La victoire de Hohenlinden compte parmi les plus remarquables de notre histoire militaire. Remportée par une armée d'élite, par cette héroïque armée du Rhin, si disciplinée et si vigoureuse, si pleine à la fois d'élan et de ténacité, elle constitue le plus beau titre de gloire du général Moreau. Dessoles et Richepanse se sont montrés, dans cette journée mémorable, les dignes auxiliaires de leur chef. Dessoles l'a puissamment aidé de ses conseils ; Richepanse a le principal mérite de l'exécution d'un plan hardi et aventureux.

Le succès doit être attribué à l'habile emploi des forces françaises. Il tint à la manœuvre de notre centre, amené, par une marche perpendiculaire sur les colonnes ennemies, à Mattenboett derrière la plus grosse de ces colonnes.

« La bataille de Hohenlinden, dit le général Dumas (1), fut complètement gagnée par l'exécution la plus rigoureuse et la plus littérale du plan prémédité : exemple bien rare dans les fastes de la guerre. »

Et, pourtant, nous l'avons constaté déjà, ici,

(1) Avec vérité, bien qu'avec quelque exagération. Il y eut exécution du plan prémédité, mais pas rigoureuse ni littérale.

comme à Marengo du reste, la part de la fortune fut considérable.

Si, ainsi qu'elle le devait, la principale colonne autrichienne avait marché moins vite, avait attendu les colonnes secondaires retardées par des communications difficiles, elle n'aurait pas attaqué isolément, et l'ennemi nous aurait accablés du poids de ses masses réunies. D'autre part, Riesch n'aurait eu qu'à occuper Saint-Christophe un peu plus tôt, pour barrer complètement le passage à Richepanse; ou bien celui-ci, lorsqu'il fut séparé de Drouet par Riesch, n'aurait eu qu'à montrer moins de décision, moins de vigueur, et suspendre ou ralentir sa marche: dans les deux hypothèses, la déroute des Autrichiens dans le défilé ne se produisait pas; moins certain, le triomphe, en tout cas, n'eût pas été aussi brillant, aussi complet.

Vingt mille morts, blessés ou prisonniers, trois cents voitures, presque toute l'artillerie et les bagages, telles furent les pertes énormes de l'archiduc Jean.

Le prince opéra sa retraite dans la nuit du

3 au 4 décembre, avec beaucoup de confusion. On pouvait croire qu'il défendrait la ligne fortifiée de l'Inn. Il se contenta d'un simulacre de résistance. En marche dès le 4 au matin, l'armée française franchit la rivière le 9, presque sans coup férir. Elle avait fait semblant de vouloir passer la partie inférieure; elle traversa le cours supérieur où, naturellement, le premier rôle appartint à l'aile droite commandée par Lecourbe. Entraîné par son ardeur, ce général entreprenant fut un instant compromis aux approches de Salzbourg ; la division Decaen le dégagea fort à propos. L'archiduc Jean abandonna vite la Salza, affluent de l'Inn. Sans lui permettre de reprendre haleine, Moreau le rejeta encore au-delà de la Traun et de l'Enns. Ce dernier cours d'eau fut franchi, à Steyer, le 21 décembre. Les Français campaient presque aux portes de Vienne.

Jamais poursuite n'avait été menée avec plus d'habileté et d'énergie. Dans cette dernière phase de la campagne, Lecourbe et Richepanse secondèrent activement le général en chef. En quinze jours on fit 90 lieues et, sans se laisser arrêter par quatre rivières considérables, on bouscula un ennemi démoralisé, on lui enleva en masse, dans le désarroi de sa fuite rapide, les hommes, les canons, les voitures et les bagages.

Rien de navrant comme le spectacle offert par les malheureux vaincus. L'archiduc Charles, appelé trop tard, ne put rien tenter pour les sauver ni pour préserver la capitale. L'empereur se résigna à déposer les armes. L'armistice de Steyer (25 décembre), et celui de Trévise, conclu bientôt en Italie, préludèrent à la paix de Lunéville, fin de la deuxième coalition (9 février 1801).

Est-il vrai que, jaloux des lauriers de Moreau, Bonaparte ait cherché à en diminuer l'éclat ?

Avant la campagne d'été contre Kray, le Premier Consul et le commandant en chef de l'armée du Rhin avaient eu des démêlés, attribuables au caractère trop personnel, à l'activité dévorante de l'un, mais aussi à la susceptibilité ombrageuse de l'autre. Toutefois le Consul avait cédé : il ne s'était pas rendu de sa personne sur le Danube, il n'avait pas non plus imposé ses propres idées stratégiques.

Garda-t il quelque rancune de la résistance rencontrée ? A lire sa correspondance on l'admettra difficilement. En divers endroits des marques très vives d'estime et de sympathie sont accordées à Moreau.

Ainsi, à la date du 16 mars 1800, le chef de l'Etat lui écrit : « Le général Dessoles vous fera part, citoyen général, de mes vues sur la campagne qui va s'ouvrir. Il vous dira que personne ne s'intéresse plus que moi à votre gloire personnelle et à votre bonheur... J'envie votre heureux sort ; vous allez, avec des braves, faire de belles choses. Je troquerais volontiers ma pourpre consulaire contre une épaulette de chef de brigade sous vos ordres. Je souhaite fort que les circonstances me permettent de venir vous donner un coup de main. Dans tous les cas, ma confiance en vous, sous tous les rapports, est entière » (1).

(1) Cette citation et les suivantes, empruntées à la

Plus tard, le 5 mai, au moment d'aller se mettre à la tête de l'armée de réserve, Bonaparte s'adresse en ces termes au vainqueur de Kray : « Je partais pour Genève, lorsque le télégraphe m'a instruit de la victoire que vous avez remportée sur l'armée autrichienne : Gloire et trois fois gloire ! »

Le 14 mai : « Vous venez d'illustrer les armes françaises par trois belles victoires. Cela abattra un peu l'orgueil autrichien ».

Le 11 juillet : « Je vous félicite, citoyen général, sur les brillants succès de votre campagne ».

Après la campagne d'été, le gouvernement décida que, désormais, un corps secondaire, jusque-là indépendant sous Augereau en Franconie, serait subordonné au général en chef de l'armée du Rhin. De celui-ci devaient relever dorénavant toutes les forces françaises en Allemagne. A cette occasion, le Premier Consul lui manda, le 24 août : « Je vous avais déjà annoncé, mon cher général, que l'es-

---

Correspondance de Napoléon Ier, sont tirées du tome VI de cette correspondance.

time et la confiance des Consuls vous appelleraient à la direction supérieure des forces qui doivent agir en Allemagne. La modestie avec laquelle vous vous refusez à accepter cet important commandement n'a été à leurs yeux qu'un nouveau motif pour vous le donner ».

Enfin, après Hohenlinden, le 9 janvier 1801, nouvelle lettre, nouveaux éloges : « Je ne vous dis pas tout l'intérêt que j'ai pris à vos belles et savantes manœuvres : vous vous êtes encore surpassé cette campagne ; les malheureux Autrichiens sont bien obstinés : ils comptaient sur les glaces et les neiges, ils ne vous connaissent pas encore assez. — Je vous salue affectueusement ».

Doute-t-on de la sincérité de Bonaparte dans sa correspondance ? En ce cas, voici un témoignage peu suspect, celui de Bourrienne, son ami d'enfance, puis son secrétaire intime, enfin brouillé avec lui et disgracié. Bourrienne, auteur de Mémoires, se montre souvent d'une partialité révoltante contre l'ami devenu le souverain. Malgré tout, voici ce qu'il nous apprend : « Ce fut le 6 décembre

1800 que le Premier Consul reçut la nouvelle de la victoire de Hohenlinden. C'était un samedi, il rentrait du spectacle lorsque je lui remis la dépêche ; sa joie fut telle qu'il sauta et retomba sur moi, ce qui l'empêcha de tomber par terre (1). »

Très expansif avec Bourrienne et avec Moreau lui-même, le vainqueur de Marengo aurait-il par envie essayé d'amoindrir la renommée d'un rival réputé dangereux ? Aurait-il omis de lui payer publiquement un juste tribut d'admiration ? Se serait-il borné à le complimenter en secret, dans des lettres particulières ? Loin de là, il s'appliqua à faire ressortir, à mettre en pleine lumière le mérite du commandant supérieur de l'armée du Rhin. Ouvrez le *Moniteur*, alors journal officiel, à la date du 29 vendémiaire an IX (21 octobre 1800). Vous y trouverez les *Paroles du Premier Consul au Ministre de l'Intérieur, en remettant au général Moreau des pistolets enrichis de diamants* : « Citoyen

(1) Bourrienne. — *Mémoires*, t. V, p. 249.

Ministre, faites-y graver quelques-unes des batailles qu'a gagnées le général Moreau ; ne les mettez pas toutes, il faudrait ôter trop de diamants ; et quoique le général Moreau n'y attache pas un grand prix, il ne faut pas trop déranger le dessin de l'artiste ».

Dans un message envoyé au Sénat Conservateur, au Corps législatif et au Tribunat, le 2 janvier 1801, on lit encore : « La victoire de Hohenlinden a retenti dans toute l'Europe ; elle sera comptée par l'histoire au nombre des plus belles journées qui aient illustré la valeur française... L'armée du Rhin a passé l'Inn; chaque jour a été un combat, et chaque combat un triomphe... Enfin, Moreau n'est plus qu'à cinq journées de Vienne, maître d'un pays immense et de tous les magasins des ennemis » (1).

(1) Nous laissons de côté les critiques passionnées de Napoléon dans les *Mémoires* rédigés sous ses yeux ou revisés par lui à Sainte-Hélène. A l'entendre alors, la victoire de Hohenlinden n'était imputable « à aucune manœuvre, à aucune combinaison, à aucun génie militaire » ; elle était le pur effet du hasard. La rancune et le malheur rendaient l'Empereur injuste. Nous préférons retenir ses premières appréciations, celles qu'il exprima, en termes si nobles, aux jours brillants et heureux du Consulat.

CHAPITRE VI

OPPOSITION IRRÉDUCTIBLE DE MOREAU A BONAPARTE. — CONJURATION MOTIVÉE PAR LE CONCORDAT. — COMPLOT DE RENNES. — CONSPIRATION DE GEORGES CADOUDAL. — PROCÈS ET CONDAMNATION DE MOREAU.

Quoi que pût dire et faire le Premier Consul, Moreau ne lui pardonnait pas sa gloire et sa puissance. Après avoir refusé pour lui-même le pouvoir suprême, il lui était pénible de le voir aux mains d'un autre général, ce général fût-il le conquérant de l'Italie et de l'Egypte. De plus en plus, le vainqueur de Hohenlinden se dressait à tous les yeux comme un nouveau Pompée en face du moderne César.

Ses regrets et son mécontentement étaient entretenus, avivés par sa femme et sa belle-mère, les dames Hulot, envieuses de Joséphine. C'était pourtant celle-ci qui, disait-on, avait mis en rapports Mlle Hulot avec le commandant en chef de l'armée du Rhin. D'après d'autres témoignages, les Bonaparte auraient voulu le marier à Caroline Bonaparte (1), ou encore à Hortense de Beauharnais (2).

Créole comme Joséphine, fille d'un trésorier général de l'île de France, Mlle Hulot avait été chez Mme Campan la compagne d'Hortense. Femme de grande distinction, parlant plusieurs langues, bonne musicienne, peintre de talent, elle exerçait une vive séduction sur tous ceux qui l'approchaient. Mais orgueilleuses et vindicatives, elle et sa mère souffraient à l'idée de la haute fortune échue à une ancienne amie changée en rivale. Un jour, Mme Moreau se résigna néanmoins à

(1) Duchesse d'Abrantès (*Mémoires*, t. II. p. 237).

(2) Mémoires de Decaen. Voir l'article de Tessier cité plus haut. — Suivant Decaen, Moreau refusa même la main d'Hortense avec une brusquerie peu polie, et « répéta publiquement plusieurs fois qu'on avait voulu le faire entrer dans une f... famille, mais qu'il avait bien su s'en débarrasser ».

rendre visite à Mme Bonaparte ; la future impératrice involontairement la fit attendre ; jamais cela ne fut oublié.

Après Brumaire, Moreau avait acheté de Barras exilé la terre de Grosbois (1). A Paris, il possédait, rue d'Anjou-Saint-Honoré, un

(1) Barras se plaint de l'indélicatesse de Moreau en cette circonstance. Le général aurait abusé du désir qu'éprouvait le proscrit de se débarrasser de son domaine, pour lui en offrir un prix inférieur de près de moitié à la valeur réelle. L'ex-Directeur aurait consenti par nécessité, mais aurait eu ensuite toutes les peines du monde à se faire payer. On attribuait à l'influence de Mme Hulot, la belle-mère peu commode, les procédés peu honorables dont parfois usa Moreau. « Ce fut cependant bien le général lui-même, ajoute Barras, qui m'écrivit un jour que, d'après mes réclamations, le ministre des finances avait pris un arrêté de dégrèvement pour faire rendre ce que j'avais payé en sus de ce qui était légalement dû. C'était près de vingt mille francs dont il devait m'être tenu compte... En me donnant cet avis dans une lettre de sa main, Moreau ajoutait que je n'obtiendrais jamais moi-même l'expédition en forme de cet arrêté, qu'« il m'offrait de s'en charger si je voulais lui en céder la moitié ». Dans l'état de persécution où je me trouvais, j'adhérai à cette proposition peu délicate de Moreau ; je n'ai reçu de lui qu'une faible partie de ce qui me revenait ». (BARRAS, *Mémoires* t. IV, pages, 162-163).

bel hôtel ; il y avait fait faire par Jacob, le premier ébéniste de l'époque, un meuble complet d'une rare élégance et d'un goût exquis. A son retour de Hohenlinden, il vécut tantôt à Grosbois, tantôt à l'hôtel de la rue d'Anjou. Dans ce dernier, sa femme donna des bals brillants et fort recherchés, où les royalistes se rencontraient avec les républicains et les mécontents de toute sorte. Lui boudait avec ostentation la personne et le gouvernement du Premier Consul, affectait de se tenir à l'écart, de ne pas aller aux fêtes et aux réceptions de la nouvelle Cour des Tuileries. Au milieu de sa famille et de ses nombreux amis, il ne cessait de s'exprimer librement sur le compte du chef de l'Etat, dont il blâmait avec amertume les visées ambitieuses. Ses propos aigres et violents, ses mordantes épigrammes étaient aussitôt répétés. En les rapportant, les ennemis cachés de Bonaparte se plaisaient d'autre part à exalter Moreau devant le maître omnipotent; ils ressentaient une joie maligne à vanter, en présence de César, le génie, la simplicité, la modestie, les vertus publiques et privées de son émule de gloire.

Le Premier Consul finit par éprouver une vive irritation du langage et de la conduite de Moreau et de ses partisans. Il les jugeait avec une extrême sévérité. Peu de mois avant son avènement à l'Empire, il exhala sa mauvaise humeur en ces termes piquants : « Moreau est toujours le même, toujours à la merci de qui veut bien le mener. A présent, c'est une vieille femme méchante qui le tient en laisse. Il est heureux que sa pipe ne parle pas, elle le mènerait aussi... Son caporal de belle-mère et sa casse-noisette de femme sont méchantes comme des pestes ; je ne veux pas de cela ici » (1).

Malheureusement la rivalité des deux généraux ranima celle de leurs armées. L'antagonisme avait toujours été très prononcé entre les deux armées d'Italie et du Rhin, comme aussi entre cette dernière et l'armée

---

(1) Clément de Lacroix. — *Souvenirs de Montgaillard*, p. 235-236.

de Sambre-et-Meuse. Cependant, à peu d'exceptions près, chefs et soldats de toutes les trois contribuèrent au coup d'Etat du 18 Brumaire. Par là, il est vrai, ne furent point étouffés les germes de funestes divisions. Celles-ci reparurent quand à l'ancienne jalousie militaire entre Bonaparte et Moreau vint se joindre une ardente haine politique (1).

---

(1) Bonaparte, cependant, chercha à gagner les officiers de l'armée du Rhin, et, le général Decaen l'atteste, beaucoup d'entre eux se montraient disposés à accepter ses avances, ou même à faire auprès de lui des démarches spontanées. Ils comprenaient que désormais leur avenir dépendait de lui. M. Tessier (article cité) reproduit, pour le prouver, de curieux extraits des Mémoires de Decaen.

Un jour, Decaen conseillait à Moreau de se rapprocher du gouvernement consulaire. « Moi, je n'ai rien à lui demander, repartit Moreau. — Vous êtes bien heureux ; mais si ce n'est pas pour vous, vous devriez au moins le faire dans l'intérêt de la patrie que vous avez toujours si bien servie, ainsi que pour l'avantage de tant d'officiers qui ont servi sous vos ordres et qui ne peuvent pas, comme vous, se passer du gouvernement. D'ailleurs il en est un grand nombre dont vous connaissez la modestie et qui attendent que vous fassiez valoir leurs services distingués et leur désintéressement. — Mes recommandations leur seraient plus nuisibles que

Un premier complot militaire fut tramé à l'occasion du Concordat. Encore pénétrés d'une aversion profonde et fanatique pour le catholicisme, les soldats firent à ce mémorable acte de réconciliation religieuse une opposition violente et opiniâtre. Leur colère éclata quand ils virent arriver à Paris un

---

favorables. — Je sais que c'est la réponse que vous avez faite à plusieurs qui vous ont demandé d'apostiller leurs mémoires; ils vous sont attachés et vous les forcerez à s'éloigner de vous et à s'adresser directement au Premier Consul ».

Une autre fois, nouvelles instances de Decaen; réponse de Moreau « qu'il était trop vieux pour se courber. — Je fus bien étonné, et je répliquai à l'instant : Qui s'est courbé le premier? N'avez-vous pas reçu une paire de pistolets l'année dernière? N'êtes-vous pas un des principaux coopérateurs du 18 Brumaire? Quoi! parce que nous nous rapprochons du chef du gouvernement qui nous fait bon accueil, vous prétendez que nous fléchissons les genoux? Qui plus que vous a contribué à l'élévation de Bonaparte et à consolider son gouvernement? Ne me dîtes-vous pas, l'année dernière, lorsque je vous demandai comment le gouvernement marchait, que cela allait très bien? Quelles sont donc les causes de votre changement d'opinion? — Le général Moreau se borna à me répondre que Bonaparte était fort mal entouré,.. et que les choses n'allaient pas comme elles devraient aller ».

envoyé du Pape, bientôt reçu aux Tuileries avec de grands honneurs. Dans des conciliabules tenus par des généraux et des officiers supérieurs, on alla jusqu'à discuter les moyens d'assassiner le Premier Consul. La conjuration fut découverte. Quelques-uns de ses membres furent emprisonnés, d'autres exilés, le reste dispersé sur divers points. Parmi les coupables, il n'y avait pas cette fois que des officiers de l'armée du Rhin. On y remarquait, entre autres, le brigadier Monnier, de l'armée d'Italie, qui s'était signalé à la bataille de Marengo. Cependant Moreau n'était nullement étranger à l'affaire. Seulement, avec sa prudence habituelle, il se garda bien d'assister aux réunions clandestines de ces exaltés qui plaçaient en lui leur principal espoir. Son ancien lieutenant Lecourbe se compromit davantage (1).

La conspiration de Rennes, bientôt après, fut presque exclusivement le fait de l'armée du Rhin, ralliée en cette circonstance autour de

---

(1) Chancelier PASQUIER (*Mémoires*, t. Ier, p. 157-159).

Bernadotte et de Moreau. Marbot la rapporte en détail (1).

Le Premier Consul voulait reconquérir Saint-Domingue où, après avoir massacré les blancs, les nègres s'étaient rendus indépendants sous Toussaint-Louverture, *le Bonaparte des noirs*. Une expédition fut organisée sous le commandement du général Leclerc qui avait épousé Pauline, une des sœurs du chef de l'Etat. Presque tous les régiments du corps expéditionnaire furent pris dans l'armée du Rhin. Comme ils étaient très attachés à Moreau, on avait tout intérêt à les éloigner. En attendant le départ, on les concentra en Bretagne, et l'on commit l'imprudence de les placer provisoirement sous les ordres de Bernadotte, mécontent du nouveau régime politique de la France. Leur effectif total se montait à quarante mille hommes. L'armée de l'Ouest, dont Bernadotte était aussi le chef, s'élevait au même chiffre. Ainsi ce géné-

(1) MARBOT (*Mémoires*, t. Ier, ch. XVII).

ral disposait momentanément de quatre-vingt mille hommes.

Un complot fut ourdi, et il avait d'autant plus de chances de réussir que les troupes destinées à Saint-Domingue étaient aigries, considéraient cette mission lointaine comme une véritable déportation. Les meneurs furent Bernadotte et Moreau ; leurs principaux instruments, le général de brigade Simon, chef d'état-major de Bernadotte, le chef de bataillon Fourcart et le colonel Pinoteau. Des proclamations furent rédigées clandestinement, pour être, le moment venu, affichées partout. Cependant Moreau resta sagement à Paris, loin de Rennes, le centre du mouvement. Quand tout fut prêt, Bernadotte, non moins prudent, partit pour la capitale, afin de pouvoir invoquer un alibi en cas d'insuccès. L'un et l'autre se proposaient de désavouer le coup s'il échouait, d'en profiter s'il réussissait. Ils laissaient leurs naïfs complices se compromettre tout seuls.

La conjuration fut dénoncée. Le préfet d'Ille-et-Vilaine, l'ancien constituant Mounier, en arrêta l'explosion par des mesures rapides et énergiques. Toutefois, s'il faut en croire Marbot, il y eut un commencement d'exécution, et l'affaire n'avorta que par un hasard extraordinaire. La garnison de Rennes était rassemblée sur la place d'Armes, prête à se soulever. Le colonel Pinoteau devait, à la tête de son régiment, donner le signal. Au moment de sortir, il s'aperçut que sa barbe n'était pas faite. Pendant qu'il était en train de se raser, on entra dans sa chambre et on s'assura de sa personne. Cette nouvelle porta le trouble parmi les conjurés. Mounier, déployant toute son activité, avait réuni à la hâte un nombreux corps de gendarmerie et quelques autres troupes restées fidèles. Les rebelles se retirèrent devant les injonctions du général Virion et du colonel Godard, auxiliaires dévoués du préfet.

M. Guillon, dans un livre d'ailleurs fort intéressant (1), tout en racontant le complot

---

(1) GUILLON. — *Les complots militaires sous le Consulat et l'Empire*, Paris, Plon, 1894.

de Rennes d'après des pièces inédites des Archives, récuse le témoignage de Marbot, considère comme de pure fantaisie la fin du récit fait par le général. Pour M. Guillon, l'entreprise, peu sérieuse, échoua, avant tout commencement d'exécution, par l'arrestation de quelques-uns des coupables.

Sans doute, Marbot est Gascon ; volontiers il amplifie ; il aime à étonner, à émouvoir le lecteur par une habile et saisissante mise en scène. Tout de même, la mystification ici serait un peu forte. Trop précise et trop détaillée est la narration. Puis, ne l'oublions pas, le propre frère du narrateur, aide de camp de Bernadotte, a joué dans la conspiration un rôle involontaire, bizarre, mais réel et de fâcheuse conséquence. Il n'y a aucune raison, croyons-nous, de rejeter un témoignage porté dans de telles conditions.

M. Guillon ne trouve pas dans les documents de l'époque la trace des événements relatés de façon si dramatique par Marbot. Ni la correspondance de Mounier, ni les Mémoires manuscrits du colonel Godard n'en font mention. Même omission dans les histoires postérieures de Rennes. Le colonel Pinoteau, il est vrai, fut disgracié, mais, affirme M. Guillon, sa disgrâce tint à d'autres motifs.

Ce colonel, toutefois, était lié avec Bernadotte ; son langage était celui des officiers qui entouraient Bernadotte et Moreau ; on l'accusait de s'exprimer avec violence sur le compte du Premier Consul. C'est M. Guillon qui le constate. Et d'où M. Guillon tire-t-il le texte des placards destinés à soulever les soldats en 1802 ? Précisément du dossier Pinoteau, aux Archives Nationales (1).

Peut-être le mutisme des historiens de Rennes s'explique-t-il suffisamment par cette remarque que « les archives départementales d'Ille-et-Vilaine ne possèdent sur cette affaire que deux ou trois pièces insignifiantes » (2).

---

(1) « Je l'ai relevé (ce texte) sur les placards mêmes saisis par le gouvernement, et qui sont dans le dossier des Archives Nationales, auquel j'emprunte ces documents. — *Arch. Nat.* F. 7. D. 6315, Dossier Pinoteau » (Guillon, p. 30).

(2) Guillon, p. 30.

Je comprends moins bien, je l'avoue, le silence de Mounier et de Godard.

On s'empressa, pour couper court à toute nouvelle tentative de sédition, de faire embarquer le corps expéditionnaire de Saint-Domingue. On destitua, on emprisonna Simon, Pinoteau, Fourcart.

Contre Bernadotte et Moreau, Bonaparte entra dans une violente colère ; un instant, il songea à les faire arrêter tous deux. Moreau chercha à se justifier : il n'exerçait pas le commandement en Bretagne, on ne pouvait donc le rendre responsable de la conduite des troupes dans cette région, il y était absolument étranger. Bernadotte à son tour joua la surprise, l'indignation. Comment ! En son absence, on avait osé imprimer son nom au bas d'actes qu'il réprouvait de toutes les forces de son âme ! Ce général Simon, ce colonel Pinoteau n'étaient que des misérables ! Le Premier Consul ne fut pas dupe de ces dénégations et de ces protestations. Mais il n'avait que des demi-preuves contre les deux chefs secrets du complot, l'un et l'autre jouissaient d'une grande popularité dans le pays et dans l'armée; mieux valait ne pas les poursuivre.

Pensa-t-il réellement à se battre en duel avec Moreau? D'après Desmarets, il aurait dit à Fouché : « Il faut que cela finisse. Il n'est pas juste que la France souffre, tiraillée entre deux hommes. Moi dans ma position et lui dans la sienne, je serais son premier aide de camp. S'il se croit en état de gouverner... Pauvre France!... Eh bien! soit, demain, à quatre heures du matin, qu'il se trouve au bois de Boulogne! Son sabre et le mien en décideront; je l'attendrai! » Le prudent ministre de la police aurait interposé sa médiation couronnée de succès. « Par accommodement le général (Moreau) consentit à se rendre le lendemain aux Tuileries où il ne paraissait pas depuis quelque temps. Napoléon, prévenu dès la nuit même, l'accueillit parfaitement » (1).

(1) Desmarets, chef de division de la préfecture de police. — *Témoignages historiques ou Quinze ans de haute police sous Napoléon*. Cité dans Guillon.

Entre eux l'hostilité persista néanmoins. Moreau demeura sous la surveillance étroite de la police, qui bientôt le retrouva mêlé intimement aux criminelles machinations des royalistes, de Pichegru et de Georges Cadoudal.

L'Angleterre, les émigrés et les chouans s'étaient concertés pour renverser et au besoin assassiner le Premier Consul, puis restaurer les Bourbons en France. Le ministère britannique fournissait les fonds de l'entreprise. Pichegru et Georges Cadoudal, le fameux chef de chouans, devaient l'amorcer à Paris. Une fois les préparatifs organisés, deux princes, le comte d'Artois et son fils le duc de Berry, à la tête de la noblesse française, accourraient, dirigeraient en personne la révolution.

Pour réussir plus sûrement, les conjurés sollicitèrent et obtinrent la complicité morale ou effective d'une foule de gens haut placés en France, dans le ministère, au Sénat, au Conseil d'Etat, dans l'armée. Le plus marquant de ces personnages fut précisément le général Moreau. On dut au préalable le réconcilier avec Pichegru. Deux négociateurs y furent employés, d'abord Fauche-Borel, puis l'abbé David. La police les arrêta l'un et l'autre. Sur l'abbé David on saisit diverses pièces relatives au raccommodement projeté entre Pichegru et Moreau; ainsi, une lettre de ce dernier à David, où l'auteur affirmait n'avoir jamais été opposé à la rentrée de Pichegru en France, se déclarait même prêt à faire cesser les obstacles qui retardaient ce retour. Un troisième intermédiaire survint, le général Lajolais. Celui-ci se porta garant à Londres des bonnes dispositions du vainqueur de Hohenlinden. Là-dessus Georges partit pour Paris; un peu plus tard parurent dans cette ville Pichegru, le marquis de Rivière et les deux Polignac. Quant au comte d'Artois et au duc de Berry, on ne les vit jamais.

La police, dès le premier jour de leur arrivée, filait les principaux conspirateurs; elle était au courant de leurs projets, de leurs allées et venues, de leurs moindres démarches. Enfin elle se décida à emprisonner et à interroger quelques chouans. Elle acquit de la sorte un commencement de preuves contre Moreau, dont l'arrestation fut résolue le 14 février 1804. Les barrières de Paris furent ensuite fermées pendant plusieurs jours; on porta des lois draconiennes contre quiconque cacherait ou aiderait à cacher les membres du complot. Bientôt Pichegru, le marquis de Rivière et les Polignac furent pris. Pichegru fut livré le 28 février par un ami auquel il avait demandé asile. Le 9 mars seulement, on mit la main sur Georges, dans la rue, près du carrefour de l'Odéon. Doué d'une force herculéenne et d'une énergie sauvage, le redoutable chouan se débattit avec désespoir contre les agents, en tua un d'un coup de pistolet, en blessa un second. Des passants se jetèrent alors sur lui, et il fut terrassé, garrotté, grâce à leur intervention.

Bonaparte ignorait l'étendue du complot, le nombre considérable des personnes qui y étaient plus ou moins affiliées. Cependant il se sentait menacé d'un danger extrême. Il vivait enfermé aux Tuileries; on gardait ce palais comme une véritable forteresse. L'entourage même du Consul ne semblait pas très sûr; celui-ci, au milieu même de ses intimes, redoutait, non sans raison, des tentatives d'empoisonnement.

C'est alors que, poussé par Talleyrand, il riposta à ses ennemis par un coup terrible, l'enlèvement et l'exécution sommaire du duc d'Enghien. Ce malheureux jeune homme était le petit-fils du prince de Condé, général en chef de l'émigration. Saisi à Ettenheim, en territoire badois, dans la nuit du 14 au 15 mars, il fut sur-le-champ dirigé sur Vincennes, jugé par une commission militaire, et fusillé dans les fossés de la forteresse le 21 mars, avant le jour. Ce drame sinistre produisit une douloureuse émotion en France et en Europe.

A part la question de violation d'un territoire étranger, la conduite de Bonaparte en cette conjoncture peut s'expliquer et se justifier dans une certaine mesure. Lui-même a écrit, à Sainte-Hélène, dans son Testament :

« J'ai fait arrêter et juger le duc d'Enghien parce que cela était nécessaire à la sûreté, à l'intérêt du peuple français, lorsque le comte d'Artois entretenait de son aveu soixante assassins à Paris ; dans une semblable circonstance, j'agirais de même. » De très bonne foi il pouvait croire le duc d'Enghien au courant de la conspiration, se l'imaginer guettant dans le voisinage de la frontière l'instant propice pour en tirer profit. Malgré les dénégations de l'infortuné prince et de ses partisans, l'histoire n'est pas encore fixée sur ce point.

Interrogé sur son propre rôle dans une attaque de vive force préméditée contre la personne du Premier Consul, Georges Cadoudal avait répondu : « Celui qu'un des ci-devant princes français, qui devait se trouver à Paris, m'aurait assigné. » (Interrogatoire du 9 mars 1804) (1). Quel était ce prince ? Le comte d'Artois ? Le duc de Berry ? ou le

(1) Rapprocher les dates. L'arrestation du duc d'Enghien a lieu dans la nuit du 14 au 15 mars.

duc d'Enghien ? Bonaparte, pour son compte, n'en doutait guère, c'était le dernier. Le bruit de certaines conversations mystérieuses avait pu transpirer, parvenir à ses oreilles. En 1802, de Champagny avait dit à d'Antraigues : » J'ai vu quantité de personnages prévoir une Restauration de la royauté, et plutôt décidés à choisir un Bourbon qu'un autre, mais je n'ai vu balancer qu'entre deux personnes, le duc d'Enghien et le duc d'Orléans... A celui-ci on préfère Enghien. On l'a même pressenti à ce sujet ; Barthélemy a eu des moyens de le faire tâter » (1).

Après avoir rapporté ces paroles de Champagny, M. Albert Sorel les fait suivre de réflexions fort judicieuses : « Voilà qui entr'ouvre un jour étrange sur le drame de Vincennes. Que Bonaparte ait eu vent de ces singulières conversations, c'en est assez pour expliquer qu'en 1804 il ait si aisément cru à la conspiration d'Enghien et ait si résolument sacrifié ce

(1) Pingaud. — *Le comte d'Antraigues*, p. 209.

prince à l'intérêt de faire un exemple (1). »

Cette croyance et cette résolution, Lajolais, l'un des principaux complices de Georges, contribua, volontairement ou non, à les augmenter « par une déposition incidente, dans laquelle il dit que d'Enghien devait s'emparer de la citadelle d'Huningue, puis de celle de Strasbourg, que dans le plan les conjurés devaient lui livrer ; que dans celle d'Huningue il devait laisser pour commandant M. Thumery, ce qui, mal écrit, a fait croire que c'était Dumouriez au Grand Juge, qui nous l'a envoyé ainsi écrit (2). »

Que Lajolais ait été sincère dans sa déposition, ou qu'il ait « reçu du Grand Juge l'ordre de compromettre le duc d'Enghien », ceci importe peu à notre démonstration ; dans les deux cas, le Consul devait être vivement impressionné ; car c'est pour établir la conviction de ce dernier, et non celle du

(1) Albert SOREL. — *Lectures historiques*, 1894, p. 140-141.

(2) *L'ami* à d'Antraigues, 19 avril 1804, dans PINGAUD, p. 251.

public, que Regnier arracha au conspirateur « cette déposition incidente et *secrète* ». (1)

Devant le Conseil de guerre, à Vincennes, Enghien confessa avoir porté les armes contre la France, bien plus il s'en glorifia. Il ajouta qu'il était prêt à recommencer, qu'il désirait avoir du service dans la nouvelle guerre de l'Angleterre contre la République. De telles déclarations, en dehors même de toute participation au complot Pichegru-Georges-Moreau, suffisaient pour entraîner légitimement une condamnation capitale.

Reste, si l'on veut, à la charge du gouvernement consulaire, l'irrégularité d'une procédure sommaire, d'une instruction ténébreuse, l'odieux d'un jugement prononcé par une commission militaire avec une précipitation brutale, sans débats publics, sans intervention de témoins ni de défenseur. Mais aussi les circonstances étaient si extraordinaires ! Bonaparte exaspéré, affolé, n'eut plus aucun souci des formes légales, il ne songea

(1) *L'ami* à d'Antraigues, 19 avril 1804.

qu'à se défendre *per fas et nefas* contre des adversaires féroces et sans scrupules, à leur rendre coup pour coup, à les terrifier par la soudaineté tragique de la vengeance. « Suis-je donc, s'écriait-il, un chien qu'on puisse assommer dans la rue ? Mes meurtriers sont-ils des êtres sacrés ? Pourquoi ne m'avertit-on pas qu'ils se rassemblent dans Ettenheim ? On m'attaque au corps ! Il est temps que je rende guerre pour guerre ! Il faut que la tête du plus coupable m'en fasse justice ! »

Après la catastrophe de Vincennes, et avant l'ouverture du procès de Georges et de ses complices, Pichegru fut trouvé étranglé dans sa prison, le 6 avril. C'était un suicide. Contre toute vraisemblance, les ennemis du gouvernement affectèrent d'y voir un crime. Mais quel intérêt avait-on à faire disparaître un accusé évidemment coupable, et déjà discrédité par ses menées et sa trahison sous le Directoire ?

Les autres prévenus comparurent devant un tribunal criminel le 28 mai seulement, quelques jours après la proclamation de l'Empire. Les débats furent retentissants.

Contre Moreau on ne possédait pas des preuves aussi certaines que contre ses co-accusés. Napoléon tenait cependant à faire condamner le général. Il était tout disposé à le grâcier ensuite ; l'important était de le perdre moralement, de lui ôter tout crédit, toute influence sur l'opinion. L'occasion semblait bonne au nouvel Empereur de mettre hors d'état de nuire un rival dangereux, espoir de tous les mécontents, instrument de toutes les conspirations.

On a reproché à la police d'avoir employé les menaces, même les mauvais traitements, et jusqu'à la torture, pour extorquer à quelques conjurés des témoignages défavorables à Moreau. En outre, et c'est encore un grief des apologistes de ce dernier, un sénatus-consulte suspendit le jury dans le département de la Seine, le jugement fut déféré à une commission spéciale de magistrats.

Le verdict du jury, reconnaissons-le, est souvent inspiré, surtout dans les causes politiques, par des mobiles étrangers à l'exacte vérité et à la stricte justice. Peut-être aussi n'espérait-on pas arriver à démontrer judiciairement à des jurés le crime de Moreau.

Quoi qu'il en soit, l'histoire ne conclut pas à l'innocence du général. Tout en prenant acte des réclamations de la défense, elle ratifie la sentence portée contre lui par le tribunal criminel, le 9 juin 1804. En effet, la réalité et le caractère coupable de ses relations avec les conjurés ne laissent aucun doute sérieux, bien qu'on n'ait pu en produire des preuves judiciaires rigoureuses. Son adhésion aux desseins royalistes fut entourée d'hésitations et de réserves, par conséquent difficile à établir d'une façon absolue, incontestable. Ce malheureux homme était ainsi fait : jamais il n'était capable de rien entreprendre ou accepter avec netteté, franchise et décision. Il lui répugnait, c'est probable, de tremper dans l'assassinat du Premier Consul, mais il voulait bien contribuer à son renversement. Avec des restrictions toutefois, à la condition qu'on ne rappelât pas tout de suite la dynastie des Bourbons, qu'on préparât la Restauration graduellement et en l'investissant lui-même à titre provisoire de l'autorité suprême. L'ambition personnelle le guidait au fond, et encore la nécessité de ménager les susceptibilités toujours en éveil de la portion républicaine de sa nombreuse et diverse clientèle politique.

Voilà bien ce qui ressort de l'ensemble des faits et des témoignages contemporains. Les dépositions judiciaires concordent ici avec les impressions et les informations des auteurs de Mémoires.

D'abord, que penser de l'attitude de Moreau au cours du procès ?

Dans une lettre au Premier Consul, il invoque, sans beaucoup de dignité, les services rendus à celui-ci, notamment le 18 Brumaire. Il ajoute : « Des ennemis nous ont éloignés depuis ». « On a tiré, écrit-il encore, des inductions bien fausses de démarches et d'actions qui, peut-être imprudentes, étaient loin d'être criminelles. Si vous m'eussiez fait demander des explications, que je me serais empressé de vous donner..... »

Le rude et farouche fils du meunier d'Auray, le chouan Georges n'avait pas dans son passé la victoire de Hohenlinden, mais jamais sa naturelle fierté ne se serait abaissée à ce ton d'humble soumission, même avec le vainqueur de Marengo.

Dans ses premiers interrogatoires, Moreau commence par tout nier. A l'entendre, depuis l'origine du Consulat, il n'a eu aucun rapport avec Pichegru. Il abandonne ensuite ce système de défense devenu impossible ; il avoue plusieurs rendez-vous récents avec son ancien chef et ami (1).

« Le point le plus grave du procès était de savoir s'il avait vu aussi Georges Cadoudal. *Je tiens d'une personne, dont le témoignage est irrécusable*, qu'entre le général, ses trois conseils, MM. Bonnet, Bellart et Pérignon, et deux autres personnes, il fut discuté la question de savoir s'il nierait son

---

(1) *Interrogatoire du général Moreau*, p. 3 et suiv.

entrevue avec Georges. Il fut décidé qu'il ne l'avouerait pas. Ce n'était le temps ni de confesser ce fait, ni de proclamer son désir de voir rentrer les Bourbons. Un tel aveu eût été un arrêt de mort. » Ainsi s'exprime, en 1814, l'écrivain royaliste Châteauneuf (1).

Deux témoins accablèrent Moreau, les conjurés Bouvet de Lozier et Roland.

Rappelé à la vie après une tentative de suicide, Bouvet, l'un des agents les plus actifs du complot, déclara spontanément devant le Grand juge Regnier : « C'est un homme qui sort des portes du tombeau, encore couvert des ombres de la mort, qui demande vengeance de ceux qui, par leur perfidie, l'ont jeté dans l'abîme où il est plongé. Envoyé pour soutenir la cause des Bourbons, je me suis vu obligé ou de combattre pour Moreau ou de renoncer à une entreprise qui était l'unique objet de ma mission. Le comte d'Artois devait passer en France pour se mettre

(1) Chateauneuf. — *Histoire du général Moreau*, p. 134.

à la tête des royalistes. Moreau promit de se réunir à la cause des Bourbons. Les royalistes rendus en France, Moreau se rétracte, il leur propose de travailler pour lui et de se faire nommer dictateur. L'accusation que je porte contre lui n'est appuyée peut-être que de demi-preuves. Voici les faits ; c'est à vous de les apprécier : un général qui a servi sous les ordres de Moreau, Lajolais, est envoyé par lui auprès du prince à Londres ; Pichegru était l'intermédiaire ; Lajolais adhère, au nom et de la part de Moreau, aux points principaux du plan proposé. Le prince propose son départ ; le nombre des royalistes en France est augmenté. Dans les conférences qui ont lieu à Paris entre Moreau, Pichegru et Georges, le premier manifeste ses intentions et déclare ne pouvoir agir que pour un dictateur et non pour un roi. De là, l'hésitation, la dissension et la perte presque totale du parti royaliste. Il y eut encore une conférence le 26 janvier, boulevard de la Madeleine, entre Moreau, Pichegru et Georges. J'étais présent ; elle nous fit préjuger ce que, plus tard, Moreau proposa ouvertement à Pichegru tout seul : savoir, qu'il n'était pas possible de rétablir le roi ; il proposa d'être mis à la tête du gouvernement comme dictateur, ne laissant aux royalistes que la chance d'être ses collaborateurs ou ses soldats. Je ne sais de quel poids sera auprès de vous l'assertion d'un condamné arraché depuis une heure à la mort, mais je ne puis retenir le cri du désespoir, et ne pas attaquer un homme qui m'y réduit. »

Au cours des débats, Bouvet modifia, il est vrai, cette déposition, mais en partie seulement. Il ne revint nullement sur le fait des intrigues et des entrevues de Moreau avec Pichegru et Georges, mais sur le point de l'initiative prise par le premier, de ses promesses, de ses encouragements aux royalistes. « Il me paraît démontré, dit-il, que Moreau n'a pas donné d'espérance ni fait naître la conjuration. J'ai dit que Moreau s'était rétracté. Mais Moreau ne pouvait pas se rétracter, puisqu'il n'avait rien promis.

J'ai cru alors qu'il avait promis, il n'avait pas promis. »

Roland était un entrepreneur des vivres de l'armée, qui avait caché Pichegru dans sa maison. Pichegru l'avait chargé, prétendait-il, de négocier avec Moreau, et celui-ci avait répondu : « Je ne puis me mettre à la tête d'un mouvement pour les Bourbons ; un essai semblable ne réussirait pas. Si Pichegru fait agir dans un autre sens (et en ce cas, je lui ai dit qu'il faudrait que les Consuls et le gouverneur de Paris disparussent) je crois avoir un parti assez fort dans le Sénat pour obtenir l'autorité ; je m'en servirai aussitôt pour mettre tout le monde à couvert ; l'opinion dictera ensuite ce qu'il conviendra de faire ; mais je ne m'engagerai à rien par écrit. »

De telles paroles étaient propres à donner confiance aux meneurs du complot ; pourtant elles laissent percer chez celui qui les prononce l'arrière-pensée de profiter personnellement des circonstances, tout en se découvrant le moins possible.

L'agent royaliste Fauche-Borel nous fait,

au tome III de ses Mémoires, le récit de ses tentatives auprès de Moreau, de l'accueil favorable qu'il en reçut, et il affirme, de son côté, le fait essentiel, le fait contesté. Suivant lui aussi, ce général s'est rencontré à Paris non seulement avec Pichegru, mais encore avec Georges Cadoudal.

« Je partis pour Paris... A mon arrivée dans cette capitale... mon premier soin fut d'écrire un mot au général Moreau, qui me donna un rendez-vous dans la maison où il était alors, petite rue Saint-Pierre, chez sa belle-mère, Mme Hulot... Il me répondit : Puisque Pichegru est en Angleterre, dites-lui qu'il y reste, pour ne revenir en aucun temps en France, qu'ayant un prince à sa droite et la charte constitutionnelle à la main (1). — Je parvins, du fond de la Tour du Temple (on l'avait arrêté dès le début de l'affaire) à ouvrir des communications avec le général Moreau... La situation où je me trouvais détermina Moreau à se servir d'un autre

(1) Fauche-Borel, *Mémoires*, t. III, p. 14-17.

intermédiaire entre lui et Pichegru; il chargea de sa confiance l'abbé David (1). — Moreau consentit à voir Pichegru, quoiqu'il désapprouvât sa présence à Paris. La première conférence eut lieu sur les boulevards de la Madeleine, à neuf heures du soir; Georges y était. On ne put s'entendre sur les moyens d'attaquer et d'abattre l'ennemi commun (2). — Je ne fus pas longtemps sans savoir que Moreau était enfermé au Temple; je ne puis exprimer quelle fut ma douleur, et combien j'appréhendais qu'on n'eût trouvé dans ses papiers les lettres patentes originales du Roi, que je lui avais remises au mois de juin 1802. Je ne tardai pas à être rassuré » (3).

Les généraux Marbot et Ambert attestent la réalité des entrevues entre Moreau et Pichegru.

« Une entrevue fut ménagée entre Pichegru et Moreau. Elle eut lieu la nuit, auprès

---

(1) Fauche-Borel, *Mémoires*, t. III, p. 34.
(2) *Ibid.*, p. 92.
(3) *Ibid.*, p. 101.

de l'église de la Madeleine, alors en construction. Moreau consentait au renversement et même à la mort du Premier Consul, mais refusait de concourir au rétablissement des Bourbons » (1).

« Un soir, au moment de la conférence de Moreau avec Pichegru, je passais devant la Madeleine... Je fus arrêté sur le boulevard... par l'aide de camp du général Moreau, nommé Legay. Je fis avec lui deux ou trois tours entre la rue Royale et celle Duphot. Legay m'engagea fort à aller voir son général, qui ne me savait pas à Paris, et insista sur ce fait que Moreau avait rompu toutes relations avec Pichegru. J'ai su depuis, par Legay, qu'ils étaient réunis à quelques pas de là, et que lui, Legay, surveillait les approches » (2).

Nous accumulons les témoignages, si nombreux, et si décisifs par leur concordance.

Voici l'opinion émise, d'après la lecture

---

(1) Marbot, *Mémoires*, t. Ier, p. 198.
(2) Général Ambert, *Portraits militaires*, p. 333.

des rapports de police, par Miot de Mélito, dans des Mémoires généralement loués pour leur impartialité :

« Ayant été pour un moment initié à une partie des rapports de police, je me trouvais à même de fixer mon opinion sur toute cette affaire et sur la part que Moreau y avait prise... Il fut également clair pour moi que, pour les auteurs du complot, ce n'était pas assez de frapper Bonaparte, s'ils ne s'assuraient pas d'un homme pour l'intervalle entre la chute de Bonaparte et la restauration des Bourbons. Moreau, par sa haine contre Bonaparte, par l'autorité de ses victoires, par la faiblesse de son caractère et le peu de fixité de ses principes, était positivement cet homme... non cependant que je pensasse que Moreau fût entré activement dans le plan d'assassinat, mais qu'il eût concerté avec Pichegru les suites de l'événement et les moyens d'en profiter, c'est ce qui me semblait hors de doute » (1).

(1) Miot de Mélito, t. II, p. 142-143.

A son tour, le correspondant anonyme du comte d'Antraigues, *l'ami*, avec son habituelle sûreté d'informations, nous fournit de curieux détails sur le rôle joué par Moreau, et sur les craintes que la faiblesse notoire du général faisait concevoir à la foule des gens compromis dans l'aventure. Sans avoir connaissance encore de la prochaine suspension du jury, il nous explique parfaitement pourquoi la cause ne lui fut pas déférée.

A la seule idée de la lutte sans merci alors engagée entre son mari et celui de l'ex-Mlle Hulot, Joséphine, nous apprend *l'ami*, passait, malgré sa légèreté, des heures d'anxiété cruelle. Elle tremblait pour elle-même, pour ses enfants, pour l'homme de génie dont elle partageait l'extraordinaire Fortune. Elle se bornait à souhaiter que Moreau, s'il était victorieux, lui permît de vivre modestement dans la retraite. Même si Bonaparte l'emportait, elle redoutait encore les vengeances du parti contraire. Ecoutez à ce sujet les révélations de *l'ami* :

« L'arrestation de Moreau a été décidée, et

ce qui l'a retardée de quelques moments sont, je vous en donne ma parole d'honneur, les prières, les larmes de la Bonaparte, qui croit toucher à sa dernière heure et être massacrée par les amis de Moreau, s'il périt, ce que je crois aussi fermement qu'elle ». (L'ami de Paris à d'Antraigues, 14 février 1804) (1).

Dans cette même lettre du 14 février, *l'ami* mande : « On ignore et on ignorera toujours les partisans qui sont jusque dans le ministère, jusqu'au Conseil d'Etat et dans le Sénat. On ignorera ceux qui sont dans les armées; mais si Moreau parle, ceux de la garde et garnison de Paris sont perdus, car il a bien fallu les lui faire connaître. Oh ! pour ceux-là le danger est grand si Moreau est faible. Mais la crainte qu'il ne le soit peut porter à des actes d'audace qui finissent Bonaparte; il le sent et redouble de fureur et de vigilance, et pour cette fois il a raison, le péril est grand..... Moreau a infiniment d'amis qui ne cesseront

(1) PINGAUD. — *Le comte d'Antraigues*, Appendice, p. 367.

de l'être que lorsqu'ils verront l'évidence de sa manœuvre. Le fait est réel ; mais moi, je doute fort que l'on puisse le lui prouver judiciairement ; ce que Talleyrand m'a fait voir au moins ne le prouve pas, et, si on ne fait pas d'autres découvertes, très sûrement on ne peut pas lui prouver de complicité avec Bouvet ni avec Georges, autrement que par des dits et redits, ce qui ne peut pas constituer une preuve précise aux jurés » (1).

Le chancelier Pasquier confirme en partie ce qui précède. Comme lui-même nous en instruit, il avait lu et étudié avec soin, en 1810, pendant qu'il était préfet de police, toutes les pièces du procès encore réunies dans les cartons de la Préfecture ; de plus, il avait obtenu de Réal et de Savary, duc de Rovigo, déjà les zélés policiers de Napoléon en 1804, des détails et des explications en parfait accord avec ses autres découvertes.

Pour ces causes, son témoignage est pré-

(1) Pingaud. — *Le comte d'Antraigues*, Appendice, p. 369-371.

cieux, et mérite particulièrement d'être reproduit ici :

« Il paraît (j'ai toutes raisons de le croire) que le Premier Consul comptait sur la faiblesse du caractère de Moreau, et qu'après en avoir obtenu une confession à moitié sincère, le pardon devait lui être facilement accordé. La maladresse de M. Regnier (le Grand Juge) fit manquer ce plan. Il donna à l'interrogatoire une tournure qui força Moreau à prendre une attitude de fermeté, peu d'accord avec son tempérament habituel.... Un parti considérable dans l'armée, tous ou presque tous les Bretons, gens à tête vive, accoutumés à regarder Moreau comme l'honneur de leur province, se trouvèrent amenés, par le besoin de le défendre, à prendre intérêt à la conspiration » (1).

Rarement débats furent aussi émouvants que ceux de ce mémorable procès. L'écho s'en prolongea, non seulement en France, mais dans l'Europe tout entière. A Paris, une

(1) Chancelier Pasquier. — *Mémoires*, t. Ier, p. 170.

foule énorme assiégeait le Palais de justice. La police dut prendre les mesures les plus énergiques pour empêcher les manifestations bruyantes en faveur du vainqueur de Hohenlinden d'éclater aux abords et jusque dans l'enceinte du tribunal. Ses efforts ne réussirent pas toujours à les étouffer.

Georges se distingua par une admirable fierté,par une fermeté et un sang-froid merveilleux. Noblement il ménagea Moreau, dont les irrésolutions étaient peut-être cause de leur perte à tous. Le général fut, sur la sellette, au-dessous du chef de chouans. Cependant, au dernier moment, il se releva par un discours qui ne manquait ni d'à-propos ni de dignité. Il y présenta, en opposition aux accusations dirigées contre lui, le résumé de sa vie entière, « assez publique pour être connue ». Il conclut : « Magistrats, je proteste, à la face du ciel et des hommes, de l'innocence et de l'intégrité de ma conduite. Vous savez vos devoirs. La France vous écoute, l'Europe vous contemple, et la postérité vous attend. »

Son avocat, M. Bonnet, le défendit fort

bien, avec autant d'art que d'éloquence.

Une vingtaine d'accusés, Georges Cadoudal en tête, furent condamnés à mort. Le nouvel Empereur fit grâce à plusieurs d'entre eux. A la prière de son entourage, surtout de Joséphine, de Mme Murat et de Mme de Rémusat, les frères Polignac notamment et M. de Rivière obtinrent une commutation de peine. Georges et onze de ses compagnons périrent sur l'échafaud.

Moreau se vit infliger deux ans de prison. Cette sentence donna lieu tout aussitôt aux discussions les plus passionnées. L'un des juges, Lecourbe, frère du général du même nom, et, comme lui, ennemi acharné de Napoléon, a laissé le récit de la pression formidable exercée, dit-il, par les familiers du Souverain, surtout par Réal, pour arracher à la Cour criminelle une condamnation capitale (1). D'autre part, le gouvernement chercha à accréditer une version toute différente. D'après ses organes, si Moreau avait évité la

(1) LECOURBE. — *Opinion sur le procès de Moreau.*

mort, ce n'était que grâce aux manœuvres pratiquées par ses amis dans le tribunal, où leur principal appui avait été précisément le juge Lecourbe (1). On peut émettre l'hypothèse suivante, plus proche, je crois, de la vérité. Les magistrats avaient la conviction intime de la culpabilité du célèbre accusé, mais les preuves positives, formelles, leur faisaient défaut. Intimidés d'ailleurs par Napoléon, ils pensèrent satisfaire à la fois leur intérêt et leur conscience, en admettant des circonstances atténuantes et en limitant la peine à deux années d'emprisonnement.

La femme du condamné et son frère, le tribun Moreau, demandèrent pour lui la permission de voyager, de se retirer aux Etats-Unis pendant le temps que devait durer sa détention. Fouché les seconda de son influence. Ce personnage était tout juste redevenu ministre de la police, après avoir été privé de cette fonction depuis 1802. Il s'était d'ailleurs activement occupé, quoiqu'alors

---

(1) Chancelier Pasquier, t. 1, p. 202.

sans titre, du grand complot de 1804, en avait suivi les péripéties comme amateur, par habitude et par goût pour cette sorte d'affaires. Pendant les recherches et au moment de l'instruction, on le voyait arriver, donner bénévolement des conseils, et apporter des renseignements presque toujours plus exacts, plus complets que ceux du Grand Juge Regnier. Napoléon se laissa facilement persuader par lui de relâcher un prisonnier embarrassant. La seule condition fut que celui-ci, une fois parti, ne rentrerait plus en France sans autorisation. Moreau libre en Amérique ne paraissait pas à l'Empereur très dangereux; il n'en était pas de même de Moreau enfermé en France dans une prison d'Etat.

Escorté de gendarmes, l'exilé alla en Espagne, où il s'embarqua à Cadix. Sa femme le suivit.

Afin de lui faciliter les moyens de s'établir au-delà de l'Atlantique, Napoléon lui acheta son hôtel de la rue d'Anjou pour la somme de huit cent mille francs, bien supérieure à la valeur réelle. Il en fit présent à Bernadotte, qui accepta, sans être gêné par son ancienne amitié avec le proscrit.

Tel est le récit de Miot de Mélito (1).

Toutefois l'historien royaliste Châteauneuf ne rend pas le même hommage à la générosité impériale. Celui-ci, à tort ou à raison, évalue à plus de treize cent mille francs « les maisons de ville et de campagne meublées » achetées par le gouvernement pour huit cent mille francs. De cette dernière somme on défalqua du reste les frais considérables du procès, dont le poids retomba sur le seul Moreau.

Berthier reçut la propriété de Grosbois.

Quant à Bernadotte, il éprouva, paraît-il, une amère déception. Il appréciait et convoitait l'élégant mobilier de l'hôtel de la rue d'Anjou. Il comptait l'y trouver en place. Mais Mme Bonaparte, non moins que lui, avait le goût des belles choses. Elle avait pris les devants, et avait fait transporter une bonne partie des produits de l'art de l'ébéniste Jacob soit à la Malmaison, soit à Fontainebleau.

---

(1) Miot de Mélito. — *Mémoires*, t. II, p. 203.

Très fâché, le futur prince de Ponte-Corvo se plaignit qu'on eût méconnu les intentions bienveillantes de l'Empereur à son égard. Ce dernier, pour l'apaiser, lui accorda comme compensation une somme d'argent tirée de la caisse des jeux (1).

(1) BARRAS. — *Mémoires*, t. IV, p. 164-165.

CHAPITRE VII

MOREAU EN AMÉRIQUE. — ESPÉRANCES FONDÉES SUR LUI PAR LES ENNEMIS DE NAPOLÉON. — SON RETOUR EN 1813. — SA MORT SUR LE CHAMP DE BATAILLE DE DRESDE, A CÔTÉ DU CZAR ALEXANDRE Ier. — HOMMAGES RENDUS A SA MÉMOIRE PAR LE CZAR ALEXANDRE Ier ET PAR LE ROI LOUIS XVIII.

Dès son arrivée à Cadix, Moreau, pour se venger, conçut l'idée d'une hasardeuse entreprise contre Napoléon. Il forma le dessein de débarquer sur la côte d'Afrique et de se rendre ensuite à Londres. Le gouvernement anglais promettait de mettre à sa disposition cinquante mille Français, prisonniers en Angleterre, plus dix-sept ou dix-huit mille autres, captifs à Port-Mahon. Secondé par les généraux Lecourbe et Monnier, Moreau devait diriger, en personne, la principale attaque contre l'Empire et envahir la Bretagne. Pendant ce temps, avec le petit corps de troupes venu de Port-Mahon, Barras soulèverait le Midi. L'ex-Directeur, sceptique et corrompu, *roi des Pourris*, avait toujours eu des accointances avec tous les partis. Depuis longtemps, il entretenait des relations avec les agents royalistes. Au dire de Fauche-Borel, après avoir combattu autrefois Moreau, il s'était lié secrètement avec le général, dont les projets lui furent connus lors du complot de Georges Cadoudal. On ne s'étonnera donc pas qu'il ait accepté de coopérer à la réussite du plan de Cadix. Lui-même s'en vante dans ses Mémoires. A l'entendre, « des proclamations franchement républicaines étaient destinées à rallier l'armée et les patriotes mécontents,... et les puissances frontières auraient combiné leur action avec un soulèvement intérieur ».

Ces affirmations paraissent sujettes à caution. A cette époque, l'assistance du ministère anglais et des puissances limitrophes de la France ne pouvait guère avoir pour objet de favoriser le retour de notre pays à la République. Moreau, sur le chemin de l'exil, n'obéissait qu'à des ressentiments personnels; il brûlait de prendre une revanche éclatante sur un odieux rival, de l'abattre au plus tôt par tous les moyens en son pouvoir. Mais, nous le savons, chez lui il y avait loin de la pensée à l'acte. Une fois les pourparlers engagés, comme d'ordinaire il tergiversa, il ajourna l'exécution. D'ailleurs, toute sa fortune se trouvait confisquée; rien ne devait lui en parvenir, tant qu'on n'aurait pas constaté sa présence aux Etats-Unis. Cette réflexion contribua à calmer l'ardeur intempestive de son premier mouvement (1).

Le récit de sa vie en Amérique, celui de son retour en Europe et de sa mort à la bataille de Dresde sont contenus dans un opuscule d'un Russe, M. de Swinine. Ce dernier, conseiller d'ambassade, fut chargé, en 1813, par le czar Alexandre, de le ramener sur notre continent. Dédiée à Mme Moreau,

(1) BARRAS. — *Mémoires*, t. IV, p. 179-180.

sa relation, cela va sans dire, est laudative et enthousiaste à l'excès. Nous lui empruntons plusieurs des faits que nous allons exposer.

Tout d'abord, le célèbre proscrit satisfit une curiosité bien naturelle, en visitant le pays qui lui servait d'asile, cette contrée alors si neuve, si propre à frapper l'imagination des hommes de l'ancien monde. Il contempla les cataractes renommées du Niagara, il descendit l'Ohio et le Mississipi ; il pénétra dans les solitudes sauvages, d'une majestueuse beauté, décrites depuis peu, avec tant d'éclat et de poésie, par l'harmonieux et mélancolique chantre d'*Atala*. Enfin, il se fixa aux bords de la Delaware, où il acheta une jolie maison de campagne à Morisville. La pêche et la chasse devinrent ses exercices favoris. Le soir, on le voyait revenir, avec un serviteur nègre, sur un bateau chargé du poisson et du gibier pris dans la journée.

Il avait coutume de passer l'hiver à New York. L'amertume de son exil était adoucie par la compagnie de sa femme et de sa fille. Des gens de toutes les opinions, de tous les partis, fréquentaient chez lui. Restait-il étranger à la politique ? Les affaires européennes le préoccupaient-elles encore ? Elles ne le laissaient, sans doute, pas indifférent. Au courant des événements, il attendait, c'est probable, que l'heure eût sonné de profiter des fautes ou des malheurs de Napoléon.

En tout cas, les ennemis du régime impérial ne l'oubliaient pas. Dès 1805, Fauche-Borel songe à le rappeler, à faire de lui encore l'instrument d'une Restauration des Bourbons. A cet effet, l'agent royaliste transmet au gouvernement russe des vues et des instructions qui lui ont été communiquées, prétend-il, par Moreau lui-même, lors de leur commun séjour à la prison du Temple. Elles se résument ainsi :

Les désordres de la France, les inquiétudes de l'Europe sont le fait de la Révolution, dont Napoléon est le soldat couronné (1). Si l'on veut mettre fin au système révolution-

---

(1) C'est la Révolution faite homme, disait aussi Madame de Staël, parlant de l'Empereur.

naire, il faut se débarrasser de son représentant, se hâter de rétablir Louis XVIII sur le trône. Pour y réussir, le vainqueur de Hohenlinden sera l'auxiliaire le plus précieux. C'est sur lui que l'on doit compter pour gagner la nation et l'armée françaises. Mais il y a des susceptibilités à ménager. Moreau ne saurait se montrer sous les drapeaux de l'Angleterre ou de l'Autriche. Contre ces deux puissances les Français ont des préventions insurmontables. Qu'il se présente donc sous les étendards de la Russie, de la Prusse, de la Suède, ou mieux encore, à la tête d'un corps d'émigrés, dénommé armée royale de France. Son rôle sera celui d'un libérateur, prêt à délivrer sa Patrie du despotisme impérial, pour la réconcilier avec le roi légitime et les Etats étrangers. La nécessité s'imposera d'ailleurs de garantir la possession des avantages procurés par la Révolution.

Fauche-Borel se considère comme le meilleur négociateur à envoyer au général proscrit. Il a été, il est toujours son organe, son interprète, son homme de confiance. Mais

Alexandre et les conseillers du czar ne comprennent pas alors la portée de telles propositions. Le cabinet de Saint-Pétersbourg se contente d'offrir le grade de général dans les armées russes à l'exilé d'outre-mer, qui refuse et préfère demeurer au-delà de l'Atlantique.

Sans se décourager, le Neuchâtelois Fauche-Borel se retourne vers le roi de Prusse, son souverain. On est à la veille d'Ulm et d'Austerlitz. Il essaie de l'entraîner dans la coalition. Il lui recommande vivement de faire revenir d'Amérique le seul homme capable, par ses talents et son expérience, d'assurer la victoire dans la guerre prochaine. Ses exhortations à Frédéric-Guillaume restent vaines comme ses ouvertures à Alexandre. Ses sollicitations auprès du ministère britannique n'obtiennent pas plus de succès (1).

Les mécontents de France, eux aussi, continuaient à fonder des espérances sur Moreau. A deux reprises, en 1808 et en 1812, le géné-

(1) Fauche-Borel, t. III, passim.

ral Malet, méditant de renverser l'Empire, le désignait comme chef d'un gouvernement provisoire. Le complot de 1808 resta à l'état de projet. Celui de 1812 fut une des tentatives les plus audacieuses dont l'histoire fasse mention. Napoléon se trouvait au loin, en Russie ; il venait de commencer la désastreuse retraite. L'inquiétude régnait à Paris. Malet répandit le bruit de la mort de l'Empereur, abusa et entraîna quelques troupes, s'empara sans coup férir du ministère de la police, de la préfecture de police et de la préfecture de la Seine. Il ne fut arrêté qu'à la place Vendôme, grâce au sang-froid et à l'énergie du général Hulin, commandant la division militaire, de l'adjudant général Doucet et de l'adjudant Laborde. On le jugea sommairement ainsi que ses principaux complices, dont la plupart avaient été trompés par lui et avaient agi inconsciemment. Avec lui, ils furent néanmoins condamnés, et fusillés sans délai dans la plaine de Grenelle.

On considère généralement la conspiration de Malet, en 1812, comme une conspiration républicaine. Peut-être est-elle royaliste. Son véritable caractère est difficile à déterminer avec certitude. Les données que nous possédons sont contradictoires. Sans doute, le général Malet professe des opinions révolutionnaires; mais c'est surtout un exalté, plein d'une animosité farouche contre Napoléon. Plusieurs de ses agents appartiennent au parti républicain ; d'autres sont connus pour leurs sentiments royalistes et contre-révolutionnaires. Son conseiller le plus remuant, son inspirateur est un certain abbé Lafon, partisan zélé des Bourbons (1). Le général Guidal, un de ses plus importants auxiliaires, a de même donné de nombreuses marques de dévouement aux royalistes ; pour les mieux servir, il n'a pas hésité à pratiquer des intelligences avec les Anglais. Le fait se trouve affirmé, glorifié dans plusieurs documents irrécusables, dans des lettres de la veuve et

---

(1) L'abbé Lafon fut assez adroit, lorsque le complot eut avorté, pour échapper à toutes les recherches ; il reparut seulement sous la Restauration.

du fils de Guidal, dans une lettre de l'amiral anglais lord Exmouth, écrite sur la demande de Madame Guidal. Cette correspondance est adressée, sous la Restauration, au roi Louis XVIII et au ministre de l'Intérieur. Les originaux existent aux Archives Nationales. « Mon malheureux père, dit entre autres choses le jeune Guidal, fut victime à Paris avec les généraux Malet et Lahorie, pour son dévouement à l'auguste famille des Bourbons ».

Pour entraîner l'assentiment général et vaincre plus facilement les résistances, Malet et Lafon avaient fabriqué un faux sénatus-consulte abolissant le régime impérial et constituant un gouvernement provisoire. Très mêlée était la composition de ce gouvernement. On y voyait figurer quelques monarchistes avérés, tels que le duc Mathieu de Montmorency et le comte Alexis de Noailles.

Le sénatus-consulte apocryphe est vraiment une étrange pièce. Les dispositions qu'il contient autorisent bien des suppositions. Ainsi, il décide l'envoi « d'une députtion à Sa Sainteté Pie VII, pour le supplier, au nom de la nation, d'oublier les maux qu'il a soufferts, et pour l'inviter à venir à Paris avant de retourner à Rome. » Une amnistie est accordée « pour tous délits militaires, même de désertion à l'étranger ». Pourra rentrer en France « tout émigré, déporté ou déserteur. »

Nulle part, il n'est question de République, ni dans le sénatus-consulte, ni dans la proclamation annexe du général Malet aux citoyens et aux soldats. Cette proclamation renferme, à l'adresse des troupes, la phrase suivante qui mérite d'être remarquée : « Prouvez à la France que vous n'étiez pas plus les soldats de Bonaparte que vous ne fûtes ceux de Robespierre ». La Révolution est ici désavouée comme l'Empire (1).

C'est à Moreau, il ne faut pas l'oublier, que les auteurs de ce complot pseudo-républicain

---

(1) Voir des pages très intéressantes sur la conspiration du général Malet dans les *Etudes d'histoire militaire* d'Albert Duruy.

de 1812 attribuent la présidence éventuelle de leur gouvernement provisoire, destiné probablement à préparer le retour de l'ancienne dynastie. Toujours l'ex-commandant de l'armée du Rhin est l'espoir des esprits chagrins et frondeurs ; son nom rallie les mécontents de toutes les couleurs et de tous les partis. Les royalistes surtout ne cessent de compter sur lui; ils le croient acquis sans réserve à leur cause, ils le font entrer avec confiance dans toutes leurs combinaisons.

L'infatigable, le dévoué Fauche-Borel s'explique nettement sur la folle échauffourée de Malet. A son avis, elle devait évidemment aboutir, en cas de succès, à une Restauration de la maison de Bourbon. Il en veut trouver une des meilleures preuves précisément dans les relations intimes établies entre Moreau et l'un des plus notables conjurés.

« Je remis, dit-il, à lord Liverpool une note que je communiquai auparavant à M. le duc d'Havré, pour être mise sous les yeux du roi. Je disais dans ma note que cette conspiration (Malet)... provenait d'une organisation secrète... dont les éléments étaient tirés des deux partis mécontents et alors rapprochés, les républicains et les royalistes; qu'il était très remarquable qu'à la tête des conjurés se trouvât le général Malet, prisonnier d'Etat, pour lequel le Comité royaliste avait fait des démarches trois ans auparavant, et en outre le général Lahorie, ami déclaré de Moreau, et proscrit autrefois pour ses liaisons avec ce général... Je concluais que les conjurés n'auraient rien opéré ni rien tenté, en cas de succès, qu'avec l'appui de l'Angleterre et le concours de Louis XVIII. Telle est encore mon opinion aujourd'hui » (1).

La Russie avait décliné en 1805 les offres de Fauche-Borel relatives à Moreau. Elle se ravisa plus tard, en 1813, quand eut débuté pour Napoléon la période des revers et de la décadence. Le czar se décida enfin à écrire au général pour l'engager à rentrer en Europe. Déjà des démarches avaient été faites dans ce sens par le baron Hyde de Neuville, royaliste

(1) Fauche-Borel. — *Mémoires*, t. IV, p. 128-129.

fidèle, retiré, lui aussi, aux Etats-Unis (1). Madame de Staël et Bernadotte, alors prince royal de Suède, s'entendirent à leur tour pour rappeler l'implacable ennemi de l'Empereur des Français (2) : sans beaucoup de réflexion, puisque ce retour allait tout aussitôt contrecarrer, nous le verrons, certaines vues qui leur étaient particulières.

Moreau céda à tant de sollicitations pressantes, si parfaitement d'accord avec ses propres désirs. Sa femme et son enfant se trouvaient alors en France. Elles se hâtèrent de gagner l'Angleterre, avant que lui-même s'embarquât secrètement le 21 juin avec Swinine à bord d'un navire américain.

Le 24 juillet, ayant accompli une heureuse traversée, il entra dans le port de Gothembourg (Suède méridionale). Les habitants de cette ville l'accueillirent par des acclamations. Le 6 août, à dix heures, il aborda à Stralsund. Les plus grands honneurs, les démonstrations

(1) Fauche-Borel. — *Mémoires*, t. IV, p. 149.
(2) Barras. — *Mémoires*, t. IV, p. 215.

de la joie la plus vive lui furent prodigués. Bernadotte le serra dans ses bras, le traita en ami et en frère. Mais Bernadotte n'était déjà plus sincère. Comme Moreau, il escomptait la chute de Napoléon. Il aspirait à la couronne de France, autrement brillante que celle de Suède. Réfugiée auprès de lui, madame de Staël stimulait son ambition, l'entretenait dans l'illusion sur les véritables sentiments de la nation française. D'autre part, le czar également, pour le river à la coalition, l'avait ébloui de la chimérique espérance que l'héritage du vainqueur d'Austerlitz et d'Iéna pourrait bientôt lui échoir. Il est facile de juger par là combien, à Stralsund, étaient francs ses épanchements et ses caresses. L'ancien compagnon d'armes lui parut dès la première rencontre ce qu'il était en réalité, un rival de gloire militaire, le plus dangereux des compétiteurs politiques.

Rejoint par le colonel Rapatel, son ancien aide de camp, Moreau, toujours en compagnie du Russe Swinine, passa à Berlin où une foule considérable vint pousser des hourrahs sous les fenêtres de son hôtel. Partout fêté et applaudi, il atteignit Prague, quartier-général des souverains coalisés, le 16 août à huit heures du soir. Généraux et officiers ennemis se précipitèrent au devant de l'ex-général français qui venait les aider à vaincre la France ; il reçut sans honte leurs hommages et leurs marques de sympathie. Averti de sa présence, le czar, par une prévenance flatteuse, lui fit visite le premier, l'embrassa, conversa deux heures avec lui. Puis il le présenta à ses sœurs, les grandes-duchesses de Weimar et d'Oldenbourg, à l'empereur d'Autriche ; enfin, il lui amena le roi de Prusse. Moreau eut aussi un entretien avec le chancelier autrichien Metternich.

L'empereur Alexandre désirait se servir de l'illustre transfuge comme d'un médiateur entre les Alliés et la nation française. Moreau lui même était persuadé qu'il y aurait un régime intermédiaire entre Napoléon et le retour de la monarchie légitime. Il l'avait dit à Fauche-Borel (1). Durant cette période tran-

(1) FAUCHE-BOREL. — *Mémoires*, t. III, p. 251.

sitoire, le gouvernement devait être remis entre ses mains. Il lui fallait donc ménager les susceptibilités du pays qu'il songeait à diriger. Aussi, pour éviter l'accusation d'être le protégé, le serviteur de l'étranger, il demanda au czar et en obtint de n'avoir aucun titre auprès de sa personne. Alexandre conclut : « Eh ! bien, vous serez mon ami, mon conseil ».

Le 19 août au soir, Moreau s'achemina sur Dresde, chevauchant presque toujours à côté de l'empereur de Russie et du roi de Prusse. Une grande bataille se livra le 26 et le 27 août. Après une course victorieuse en Silésie, Napoléon était revenu sur ses pas avec une célérité foudroyante. Le 26, il tomba à l'improviste sur l'ennemi qui déjà attaquait les faubourgs de la capitale de la Saxe, alors occupée par le maréchal Gouvion-Saint-Cyr. Les assaillants subirent des pertes terribles et reculèrent épouvantés. Le lendemain, malgré une pluie torrentielle, nous prîmes à notre tour l'offensive. La lutte fut encore vive et sanglante. Les coalisés sous le prince de Schwartzenberg, durent rétrograder vers la Bohème d'où ils étaient sortis. Au cours de cette seconde journée, un boulet français vint terminer brusquement la carrière du vainqueur de Hohenlinden. Il mourut trop tôt pour son ambition, trop tard pour sa gloire.

Déjà le 26, il s'était fort exposé en allant reconnaître les positions françaises. Il avait parcouru une partie du champ de bataille au milieu des boulets et des bombes ; le soir, son retour avait été éclairé par les flammes de Dresde en feu. Le 27, vers midi, il communiquait au czar quelques observations militaires, lorsqu'un boulet, lancé par la garde impériale française, lui fracassa le genou de la jambe droite, traversa son cheval et emporta encore le mollet de la jambe gauche. Alexandre consterné ordonna aussitôt de faire un brancard avec des piques de Cosaques, pour transporter le blessé hors de la portée des projectiles. Velly, premier chirurgien du souverain russe, coupa la jambe droite au-dessus du genou, puis, après examen, enleva aussi la jambe gauche. Le général supporta bravement les souffrances de ces deux cruelles opérations. Craignant par-dessus tout de tomber aux mains de son rival victorieux, il suivit les Alliés dans leur retraite, porté sur son brancard auquel on avait adapté des rideaux. Quelque espoir de le sauver, mais bien faible, restait alors à ses amis.

Si l'on en croit Swinine, le moribond manifesta une joie très vive de la défaite infligée le 30 août à un des corps de l'armée française. Ce jour-là, Vandamme, chargé de couper la retraite à Schwartzenberg, mais mal soutenu, fut lui-même cerné et dut déposer les armes à Kulm en Bohème. Le vaillant guerrier fut emmené prisonnier à Prague. Sans égard pour son malheur, le czar et le grand-duc Constantin l'insultèrent ; le grand-duc lui arracha même son épée. On refusa de lui laisser son aide de camp, on le mena dans une voiture découverte pour le faire huer par la populace. De toutes ces infâmies Moreau, selon Swinine, ressentit un très grand plaisir.

Son premier soin fut d'envoyer Swinine et le colonel Rapatel auprès du prisonnier ! « Je trouvai Vandamme déclamant en furieux contre Buonaparte qu'il accusait de l'avoir abandonné, sacrifié, trahi ; je laissai ce maniaque au milieu de ses emportements, et vins rendre compte de ce que j'avais vu de lui ». (Swinine). Il faut le proclamer hautement. Des sentiments si bas, une attitude si indécente envers l'héroïque Vandamme et ses valeureux soldats ne sont excusables à aucun degré, sous aucun prétexte, chez un ancien général français. Le Russe Swinine les admire. A son aise. Mais la conscience universelle les réprouve.

La présence même de Moreau dans le camp des Alliés ne peut pas se justifier. Légitimes ou non, ses griefs personnels contre Napoléon ne l'autorisaient nullement à oublier ses devoirs envers la Patrie. Or c'était bien sur elle, c'était sur trois cent mille Français, dont beaucoup avaient été ses compagnons d'armes, plusieurs ses amis, que le nouveau Coriolan venait se venger d'injustices, réelles ou non, mais en tous cas imputables à un seul homme et non à la France entière.

Les souverains coalisés avaient-ils promis à Moreau d'accorder à notre pays la frontière naturelle du Rhin ? Barras, Fauche-Borel, d'autres l'affirment. Ils espèrent atténuer ainsi ce que, malgré tout, le rôle du général a de fâcheux, même aux yeux de ses plus déterminés défenseurs. Mais leur opinion paraît peu fondée. On aura beau alléguer les assurances de la Déclaration de Francfort, l'offre des frontières naturelles contenue dans cet acte fameux. D'après les *Mémoires de Metternich* et la *Correspondance de lord Castlereagh*, les propositions de Francfort n'étaient qu'un leurre. Napoléon y voyait clair. Le 4 janvier 1814, il écrivait à Caulaincourt : « Je pense qu'il est douteux que les Alliés soient de bonne foi et que l'Angleterre veuille la paix. J'ai accepté les bases de Francfort, mais il est probable que les Alliés ont d'autres idées ; leurs propositions n'ont été qu'un masque ».

Dans l'armée française, rapporte Marbot, on avait entendu parler de la venue du célèbre transfuge, mais on n'y ajoutait pas foi. L'événement fut confirmé de façon assez bizarre, vers la fin de la bataille de Dresde. Un hussard aperçut à l'entrée d'un village un superbe chien danois ; l'animal semblait chercher son maître d'un air inquiet. Le hussard l'attira à lui, et, sur son collier, lut cette inscription : « J'appartiens au général Moreau ». Le curé du lieu apprit bientôt à nos soldats que ce général venait de subir au presbytère une double amputation.

Au dire de Marbot, le même curé saxon racontait de curieux détails : le malheureux blessé se serait maudit lui-même, et aurait répété sans cesse : « Comment, moi ! moi, Moreau, mourir au milieu des ennemis de la France, frappé par un boulet français ! »

On voudrait admettre l'authenticité et la véracité de ce témoignage. La narration de Swinine et les dernières lettres du mourant ne le permettent guère.

Celui-ci, avant d'expirer, écrivit de sa main à sa femme :

« Ma chère amie,

« A la bataille de Dresde, il y a trois jours, j'ai eu les deux jambes emportées d'un boulet de canon. Ce coquin de Bonaparte est toujours heureux. On m'a fait l'amputation aussi bien que possible. Quoique l'armée ait fait un mouvement rétrograde, ce n'est nullement par revers, mais par décousu et pour se rapprocher du général Blücher. Excuse mon griffonnage; je t'aime et t'embrasse de tout mon cœur. Je charge Rapatel de finir. »

Pour le czar il dicta ces mots à Swinine :

« Sire, je descends au tombeau avec les mêmes sentiments d'admiration, de respect et de dévouement que Votre Majesté m'avait inspirés dès le premier moment de notre entrevue.... » Il s'arrêta, les yeux fermés. « Je crus, dit Swinine, qu'il méditait sur ce qu'il allait me dicter ; mais il n'était plus. » Il s'éteignit ainsi assez doucement après les horribles souffrances des jours précédents, le 2 septembre vers sept heures du matin.

Personne dans l'armée française ne le regretta.

Le czar Alexandre le pleura sincèrement. Il ordonna de faire embaumer son corps, de le conduire à St-Pétersbourg pour l'y enterrer dans l'église catholique avec tous les honneurs funèbres rendus récemment au Maréchal Prince Koutousoff. Puis, rempli de sollicitude à l'égard de la veuve et de la fille du défunt, il adressa à Mme Moreau une lettre émue. On y lit :

« En Russie, Madame, vous trouverez partout les mêmes sentiments de tristesse et de sympathie, et s'il vous convient de vous y fixer, je chercherai tous les moyens d'embellir l'existence d'une personne dont je me fais un devoir sacré d'être le consolateur et l'appui. Je vous prie, Madame, d'y compter irrévocablement, de ne me laisser ignorer aucune circonstance où je pourrais vous être de quelque utilité, et de m'écrire toujours directement. Prévenir vos désirs sera une jouissance pour moi ».

Alexandre fit don à Mme Moreau de cinq cent mille roubles et d'une pension de trente mille roubles.

Louis XVIII lui accorda, après la Restauration, toutes les distinctions et tous les avantages attribués aux femmes des maréchaux de France.

Le roi, en effet, fit déposer le bâton de maréchal sur la tombe de Moreau. Par ordonnance du 27 février 1816, il prescrivit l'érection de statues aux deux généraux Moreau et Pichegru. Les honneurs officiels furent prodigués à leur mémoire. Tous les ennemis de Napoléon, les revenants de l'émigration, les séides de la Sainte-Alliance les couvrirent de louanges.

Ces honneurs, ces louanges, la France refuse de les ratifier.

TABLE DES MATIÈRES

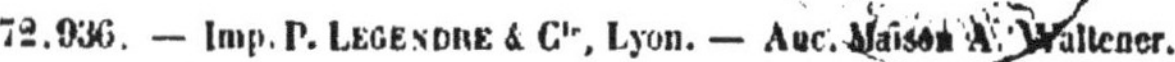

72.936. — Imp. P. Legendre & Cie, Lyon. — Anc. Maison A. Waltener.

www.ingramcontent.com/pod-product-compliance
Ingram Content Group UK Ltd.
Pitfield, Milton Keynes, MK11 3LW, UK
UKHW020550180726
13838UKWH00001B/145

9 782329 313474